# 2030年

# 教師の仕事はこう変わる！

西川 純



学陽書房

# まえがき

いま、学校教育が激変しようとしています。

大学入試改革、新学習指導要領、働き方改革などさまざまな動きがありますが、私はもっと大きな変化が起こると予想しています。現在の改革はそれに追いつけるのかどうか、間に合わないのではないか、私はそれを危惧しています。

率直に申し上げましょう。

いまいる若い教師の方が退職するまでには、必ず学校教育に激変が起こり、食べていける教師と、食べていけない教師に分かれるということです。

みなさん、驚かれるかもしれませんが、現在の中堅教師の方々が退職するまでに、おそらくは以下のようなことが起こります。いや、中堅の方も逃げ切れないほどの速度かもしれないのです。

これから起こる学校の未来

## 1 公立・私立を問わず、終身雇用が保障されなくなる。求められる職能も変わる

大学などでは既に起こっていることですが、公立学校が独立行政法人化し、教育公務員が非公務員になります。そして、日本全体の雇用体系と同様に、私立学校も含めて必ずしも終身雇用は保障されなくなります。つまり、教師も他の職種と同様に、自分の能力に見合った学校を渡り歩くことが求められます。

その時に大事なことは、ＡＩ（人工知能）・ロボットに置き換えられないマネジメント能力、ファシリテーション能力を持てるか、否かです。

教師の指示に従わせるという従来の指導のあり方が既に通用しなくなっているだけではなく、「教える」というこれまでの教師にとって重要であった職能だけでは、もはやＡＩやインターネットに置き換えられてしまうということです。

## 2　いまの公立学校の教育のあり方のままでは、学校や教師は保護者からはっきりと見限られる

既に財界・産業界が「いまの学校のままではダメだ」と政府を突き上げた結果が、2017（平成29）年の学習指導要領改訂です。しかし、これに対して、もし表面的にしか対処しない、実は根っこは何も変わらない、という状況が続くのであれば、公立学校しか選択肢のない地域や家庭すら、別の選択肢をとる可能性は十分にあります。いまの学校に行かないほうが、はるかに受験において有利なのです。それに気づいた保護者と子どもが公立学校を見限るようになります。

## 3　学校間格差が限りなく大きくなる。地方県立高校のトップ校は、もし改革が遅れると2020年からの大学受験改革で凋落し、10年は復活できない

教育村の人達は、アクティブ・ラーニングを「主体的・対話的で深い学び」という言葉に変質させ、話し合い活動を増やす程度で落ち着かせようとしています。

しかし、アクティブ・ラーニングの意味を理解している人達は、全く違った教育をイメージし、対策をしています。対策の違いによってトップ校に踊り出る私立学校と、潰れる私立学校が生まれます。公立学校はすぐには潰れません。いますぐに改革しようとしている公立学校は進学も就職も、生徒がよりよい選択ができるようになり、いままでよりも劇的に成果を上げられるようになるでしょう。しかし、いますぐに対策を取れない公立名門校がもしあれば、その学校は凋落し、挽回するには10年以上かかります。

**以上のことは、既に始まっているのです。**

**本書はそれを紹介し、それに備える術を書きました。**

私は全ての子どもを救いたい一方、全ての教師が20年後に路頭に迷わず食っていける人材となってほしいと願っています。そうでない事態が起こることを防ぎたいと願っています。本書はそのために執筆しました。

できうれば、これから学校教育の世界で起こる可能性が非常に高い事態がどのようなものであるか知っていただき、多くの教師の方に備えてほしいと願っています。

上越教育大学教職大学院教授　西川　純

# CONTENTS

まえがき……3

序章　教師にこれから何が起こるか……11

第1章　これから学校に起こることとは？

「未来」は既に起こったことから見える……18
少子高齢化で日本も子どもも沈む……20
大学入試でトップ校は激変し、トップ以外は大きく凋落する……22
英語教育の外注化がいっそう進む……32
次なる国際化は英語だけでない……36
時代に即していない学校現場のＩＣＴ教育……40
子どもと保護者が教師や学校を見捨てる……46

公立学校が独立行政法人化される……54
教員の働き方が変わる……58
教育界に破壊的イノベーションは起こるか……64
学歴は必要とされず、即戦力が求められる……72
章末コラム　働き方改革は間に合うのか？……84

## 第2章 これからの学校現場で起こすべきこと

時代は意図をもつ者が変える……86
私たちを縛ってきたモデルからの脱却……88
中学・高校から生産者になる……92
中等教育・高等教育の改革……96
個人個人が豊かさを創造する社会へ……100
AI、ロボット、移民に対抗できる方法……106

ヒトの能力と社会の変化……116
学校が激減し、教員の働き方も変わる……120
持続可能なコミュニティづくりのために……126
章末コラム 子どものために、自分のために……130

## 第3章 生き残れる教師になるために

未来をつくりだす教師になる……132
未来の学校・子どもたちの生活……134
未来の学校の担任教師……148
いまの学校はかぎりなく限界に近い……154
公務員は解雇されません。でも……160
章末コラム 親として考えたら……166

## 第4章 未来のために今すべきこと

生き残りに必要なスキルを高めるために……168
持続可能な働き方入門……170
情報発信力を高めるために……178
これからの教師・学校のあり方……181
これから必要になる教師の3つの職能……195
よき校長のリーダーシップとは……201
章末コラム 「校長」になる……204
あとがき……205

# 序章

# 教師にこれから何が起こるか

## 教師・公務員は安定した職業の代名詞だった

みなさんはなぜ教師という仕事を選ばれたのでしょうか?

「子どもが好き」「教えることが好き」「社会のために何かをしたい」等々の理由があると思います。その中で大きな理由の一つが、「安定」した職業であることだったと思います。

教師以外も公務員は一般的に安定していますが、教育公務員の給与は有利に設定されています。おそらく、県庁所在地以外の地方都市・市町村での収入ランクから考えれば教員は上位に位置しています。そのような地域では教員は尊敬もされます。

## 時代の変化を感じていますか

教師経験の長い方だったら、同窓会に参加すると、参加する卒業生が意外に少ないことに驚かれるのではないでしょうか? 幹事役に聞くと「連絡がとれない」と言われます。そして、同級生の誰と誰が失業したという噂を聞きます。

バブル崩壊後、日本は基本的に不景気な状態が続いています。学校を卒業してもなかなか就職できない状態が続いていました。終身雇用は事実上崩れてしまっています。終身雇用が保障されている教員の場合、つきあう人は同じく教員が多い。そのため、そのような社会の変化から一定の距離を置いているので、その厳しさを感じにくいのです。とはいえ、ニュースやインターネットから流れる情報から、「やはり教員でよかった」と思うこともあると思います。

一方、毎年毎年、授業することが難しくなりました。「あの先生が？」と思う人のクラスで学級崩壊が起これば、次は我が身ではないかと感じることは多いと思います。保護者のものの考え方はどんどん変わっています。昔はモンスターペアレントという言葉がありました。自分と自分の子の権利を過剰に要求する保護者です。しかし、過剰か否かの線引きが変わってきています。**ごく普通の保護者が、昔だったら過剰と思われる要求をするようになってきました。そして、今後はもっとそうなります。**

1人のモンスターペアレントであっても神経的にまいるのに、今後、それが1クラスに5人にも、10人にも増えるでしょう。個々の子どもに合った学びを要求され、ネットで見た授業やＡＩ機能つきの問題集アプリのほうがわかりやすいと言われ、対応を間違えれば担任を替えろと言われます。

いまの時代はインターネットが発達し、今後、ＡＩが驚異的に発達します。それらと共存し、利用し、**さらにＡＩにはできないようなことを教師の職能としなければならないのです。**

## 「終身雇用」という砦が崩れる

国の有り様は、その国の人口構造によって決まります。日本は長い間、人口バブルの中で好景気を享受していました。ところが、少子高齢化によってそれが崩れたのです。日本の終身雇用はその好景気のときに生まれたのです。１９５０年代以前にはなかった制度です。好景気が終焉すれば、終身雇用も終わります。

さて、**教育公務員のみなさんは民間の終身雇用がなくなっても、公務員の終身雇用はなくならない、だから、教育公務員である自分の終身雇用は保障されていると思っているのではないですか？　たしかに公務員は終身雇用のままだと思います。しかし、**

## みなさんが公務員であり続けられるとは限らないのです。

国や地方の行政組織は、現業（実際に業務を行っている組織）を非公務員化することによって効率化を図ります。思い出してください。かつての国鉄、電電公社、専売公社、社会保険庁がいまどうなっているかご存じですよね。

「そんなバカな」とお思いと思います。しかし、日本以外の国ではそれが普通なのです。50年以上、ずっと好景気だった国は日本のみです。我々の「普通」は異常だったのです。その異常が正常に戻るだけのことです。

本書を手に取っている方々は、薄々（実はハッキリと）気づいている方だと思います。そうです、みなさんが感じられていることは正しいのです。本書は、既に起こったこと、現実に起こりつつあることをもとに、なぜ、それらが起こったのかを俯瞰できる大きな図を提供したいと思います。いま、教育の世界で起こっていることを理解するには教育村の論理のみで考えていても理解できません。次に、そこから今後学校教育に起こることを書きます。最後に、そのような未来に対して、みなさんがどのような能力を伸ばさなければならないかを述べます。

近世において明治維新と戦後という大きな変革の時代を経験しました。前の時代の仕組みや価値観が崩れ混乱します。いち早く時代の変化を理解した者が勝ち組となれます。ただし、「勝つ」という意味も前の時代と新しい時代では違います。だから、新時代において価値あるものが何かを知れば、いち早く、より多くを獲得することができるのです。

たとえば「終身雇用が崩れるのは嫌だ、嫌だとダダをこねる」のと「終身雇用を捨て去ることによって得られるものは何かを理解する」のと、どちらが賢いですか？自明だと思います。

さあ、はじめましょう。

# 第1章

# これから学校に起こることとは？

# 「未来」は既に起こったことから見える

## 時代の変化は、教育に大きな影響を与える

近世になって日本は2回の大激変を経験しました。最初は明治維新、2つ目は太平洋戦争の終戦です。前者は江戸幕府が敗れ、後者は日本が敗れました。いずれも「戦いの勝者と敗者」と「勝負が決まった日」がハッキリとしています。ですから諦めもつけやすいし、これからどのような方向に進むのかが予測できます。

いままた日本の社会が大きく変わろうとしています。今回の大激変も「戦いの勝者と敗者」と「勝負が決まった日」は既にハッキリとしています。勝敗が決まった日は、日本の女性が生涯に生む子どもの数が2人を切った時点です。そこを境に日本市場の縮小、経済の将来的凋落が決定的となりました。そこから、同じものを安くたくさん

売る工業化社会の論理は敗れ、少数の相手にオリジナリティのある高価なサービスを売ることで生き延びる、脱工業化社会へと方向性が切り替わりました。

脱工業化社会の象徴である**ＡＩ・ロボットを制する者が、これからの時代の勝者です。**ところがこの方向転換が緩やかであったため、変化への対応は分かれています。工業化社会の論理のまま、画一的・中央集権的な教育を続けるべきと考える保守的な人と、脱工業化社会を生き延びられるよう個性化した自治的な教育をすべきという人です。しかし、保守的な人がどんなに抗っても、流れを止めることはできません。

経営学で有名なピーター・ドラッカーは、『創造する経営者』において未来をつくりだす方法を示しています。そのうちの１つは「経済や社会の不連続性の発生と、そのもたらす影響との間の時間的な差を発見し、利用すること。すなわち、『既に起こった未来を予期する』こと」だと述べています。

先に述べたように、時代の変化は既に進行しており、それは教育に影響を与えています。その動きの延長線上に未来が見えてきます。

# 少子高齢化で日本も子どもも沈む

## これからものすごい不景気がくる

ドラッカーは『イノベーションと起業家精神』において、人口構造の変化こそが、近い将来における変化を最も予測しやすいと述べています。

既に日本の人口予測は数多く発表されています。内閣府第2回「選択する未来」配付資料2014（平成26）年の中位推計及び総務省の「統計から見た我が国の高齢者」（2017年）によれば、**今世紀末までに日本の人口は2分の1に減少し、65歳以上の高齢者の割合は1割以上上昇すると予測されています。**こんな日本に好景気は二度と到来しません。

「平成不況は出口が見えない」と言われます。1991年代前半のバブル崩壊から

20年以上も低成長期が続いています。いまはバブル期以上の好景気とされていますが、オリンピック後は、おそらく私たちの生きている間、いや、子ども達の生きている間に景気が回復することはありません。

総務省は5年ごとに就業構造基本調査を行っています。直近の２００７年から２０１２年の結果によれば、初めて職に就いた人の約4割が非正規雇用なのです。そして、その割合は年に１％ずつ上昇しています。つまり、目の前の子どもの半分は、低く不安定な収入で生活する一生涯を過ごすのです。

現在教師の多くは終身雇用の公務員です。そのため、上記の変化を分かっていないのです。残念ながら、大学入試までは教員が仕切っているので社会が激変していてもいままでどおりです。

不況によって変わるのは卒業後のことです。そのため、義務教育および普通科高校の教師は知りません。でも、現実はそうなってしまっているのです。これを前提として、これからの学校に何が起こるのかを見ていきましょう。

# 大学入試でトップ校は激変し、トップ以外は大きく凋落する

## 日本のトップ大学はアイビーリーグ化する

日本の人口は減り、高齢者が増えます。その中で日本が豊かであり続けるには、一人ひとりの生産性を高めなければなりません。しかし、いきなり国民全員の生産性を上げることは困難です。

そこで国が考えたのが、少数のエリートに資源を集中投下し、生産性の極めて高い人材を養成しようという方法です。その人材が産業の種を生み出せば、一気に国を豊かにすることができます。そのような種を生み出す人材を最も多く輩出しているのがアメリカのエリート校であるアイビーリーグといわれる大学です。

たとえばアメリカのハーバード大学は151人のノーベル賞受賞者を卒業させてい

ます（日本は2017（平成29）年までに23人）。

**SSH（スーパーサイエンスハイスクール）、SGH（スーパーグローバルハイスクール）、スーパーグローバル大学創成支援事業、高大接続改革は一見バラバラに見えたとしても、それらは全て日本のトップ大学のアイビーリーグ化を目指したものです。**

アイビーリーグの講義は、日本の大学のように教授が黒板に板書し、学生がそれをノートに写すような講義ではありません。教授が事前に大量の課題図書を指定し、学生は授業前にそれを読み理解した上で、クラスでは学生同士で議論するのです。その講義で黙っていれば落第します。議論の流れを決めるような画期的なアイデアを出すことを教授は求めます。そのような講義が「アクティブ・ラーニング」なのです（この詳細は拙著『すぐわかる！　できる！　アクティブ・ラーニング』（学陽書房）をご参照ください）。

日本でまことしやかに言われている「いままでの延長線上にある話し合い活動を入れた授業」ではありません。また、「主体的・対話的で深い学び」でもないのです。

そのようなアクティブ・ラーニングでトレーニングを行っているので、アイビーリーグの大学は大量のノーベル賞学者を育てられるのです。

日本のＳＳＨ、ＳＧＨ、そしてスーパーグローバル大学ではアクティブ・ラーニングで授業することが求められます。そして、スーパーグローバル大学ではアクティブ・ラーニングに耐えられる学生を選抜するようになります。

## eポートフォリオが評価を変えてしまう

アイビーリーグでは、長い年月にわたる、非常に詳細な個々人の学びの履歴・部活等の活動の履歴の提出を求めます。その履歴を子細に検証することで、本当にその人物がその大学に入るにふさわしいのかを確認し、面接で確かめて入学者を決めていきます。

日本でも、２０２０年度の入試改革時に、同じように詳細な履歴を記録したeポートフォリオをもとに作成された調査書の提出が求められるようになります。**２０１８年度の新高校1年生は、高一時点からeポートフォリオで記録を始めないと、入試に間に合いません。このことにいまの時点で気づいて明確な対応をしている高校は多くはありません。**

ｅポートフォリオでは、自分が何を目指して何を学ぼうとしているか、実際にやってみて何が学べたのか、生徒が主体的に記録し、振り返り、また前に進むという軌跡を記していかねばなりません。主体的に自分の学びを考えられ、学びの経歴を自己認識できる生徒を選抜するためのシステム稼働は既に始まっています。

残念ながら日本で「評価」というと、教師のみならず保護者も生徒も、「評定」（指導要録につけるもの、総括的評価）をイメージします。

しかし、これからは、ｅポートフォリオを構築する際に不可欠な、自分自身の学びの評価（自己評価）、学習者同士の多様な視点を得る、学びを広げることを目指す評価（相互評価）のような、学習の潤滑油となる形成的評価が、日々の学びのみならず進学や就職などのステップアップの際にも重要になっていきます。

終身雇用が失われた時代、これが一生続くことも忘れてはいけないことです。

## 新テストは巧妙に大きく入試を変え、学校を変え始める

さらに、２０２０年度からセンター入試は「大学入学共通テスト」（以下、新テスト）

に変わります。新テストの導入に向けた「試行調査（プレテスト）」が２０１７年11月に実施されました。新テストのための検証が目的ですので、そのままの傾向の出題になるわけではないとしていますが、出題傾向には大きな変化がありました。課題も含めて、今後実施に向けてさらに工夫をしていくことでしょう。

**制度的にも大きく変わります。実に巧妙です。テスト成績が段階別表示になります。**現在はセンター試験の素点のデータが大学に行きます。したがって、1点刻みの序列がつくのです。人数を勘案して、特定の点数のところで線引きすることができます。ところが段階別表示になれば、各段階に含まれる人数が多くなるのです。特に、合否ラインの段階には最も多くの受験生が固まります。

結果として、ある段階の受験生全員を合格にすると定員を大幅に超えてしまい、その段階の受験生全員を不合格にすると定員を大幅に満たせなくなるのです。**そのため、各大学独自の2次試験や、特色ある入試方法の重要度が格段に増してくるのです。**

また、各大学では、推薦入試やＡＯ入試の質を改善しながら、その合格者割合を増やしていく傾向にあります。一般入試も含め、小論文作成、面接や集団討論、プレゼンテーションをいま以上に取り入れるようになるでしょう。また、京都大学の特色入試でやられているような学習指導要領とかけ離れた大学レベルの問題、そして答えのない問題を出題し、それに対してどのように取り組めるのかを選抜基準にする入試へとシフトしていくでしょう。**これに対しては、授業の内容だけを変えればよい話ではありません。授業のスタイル自体を変える必要があるのです。**

中堅大学も生き残りのために動いています。たとえば、中京大学はグループディスカッション、プレゼンテーションを重視した入試にシフトしています（『カレッジマネジメント』２０７号、リクルート社）。

## 偏差値だけでは受験の合否の予想ができなくなる

このように入試が変わっていくと、いままでやっていた学力試験だけの一般入試に向けた受験指導だけでは、進路保証が危うくなります。問題になるのは、模擬試験と偏差値です。

今後ますます導入される面接や集団討論の模擬試験を実施することは困難です。そもそも実施したとしても、その模擬試験のテストの点数をどのように付けるべきなのかが分からないからです。そのようなテストの点数が合否を決めるようになります。

偏差値はこれまでの受験で合否の予想ができるため重視されてきました。しかし、前述のような試験をするならば合否を予想できなくなります。

## 進路指導はどうすればいいのか？

さて、高校の先生方へ申します。**もし、模試や偏差値が信頼できなくなったら、どのように大学入試の進路指導をしますか？**

非常にやりにくく感じ、困惑する先生も少なくないと思われます。実際に「推薦・ＡＯ入試で、大学が何を基準に選抜しているのかがわかりにくい。」と答える高校教師が54・2％にのぼっています（ベネッセ教育総合研究所「高大接続に関する調査」（２０１３年）。


**中学校の先生方にも申します。対岸の火事ではありません。**

もし、東京大学が本格的にアクティブ・ラーニングを入試に取り入れたならば、東京大学合格を目指す進学校はどのような教育をするでしょうか？　そのような教育に耐えられる子どもを選抜する入試を中学生に課するとは思いませんか？　対岸の火事ではないのです。

しかし、そのような入試改革を全てのところがやるかと言えば、ほとんどの大学はしません。なぜなら、そのような試験をしたら偏差値が使えなくなるからです。そうすれば進路指導の教師から敬遠されます。つまり、しばらくは、どんな試験をやっても優秀な生徒が受験してくれるトップ大学のみが先行することになります。

おそらく多くの公立高校の進学校はアクティブ・ラーニングに対応しません。なぜならば、大多数の公立高校はトップ大学をメインターゲットとする学校ではありません。そして多くの公立高校の先生方はその中を異動しているからです。大都市圏のトップ大学をメインターゲットとする公立学校の教師はトップ校グループ内で異動していくケースも多くなっていますが、地方の公立高校教諭の場合はあまりレベルに関係なく5年から8年で異動します。トップ大学を狙うことを常に迫られるわけでないので、教師の側にもアクティブ・ラーニングに対応する動機付けが起こりません。結果として悲惨な進学実績をさらすことになります。

具体的にはいままで偏差値65あたりの大学を狙っていた高校が、アクティブ・ラーニングに対応しない場合、偏差値58あたりの大学を狙うようになります。

一方、私立の学校はどうでしょうか?

先に述べたように一部の私立高校はアクティブ・ラーニングに対応し、生き残るでしょう。ところが全てではありません。変わるのは面倒だと思う人がいても致し方ない。そのような人がリードする学校はどうなるでしょうか?

少子高齢化による所得格差拡大によって私立高校に進学させる余裕のある保護者は少なくなります。そして、少子化によって高校に入りやすくなります。

保護者の記憶の中で「そこそこよい」というブランドイメージを持つ公立高校に入れるとしたら、学費の高い私立に入れるでしょうか?

## 地方の生徒と保護者の今後の行方

地方の場合は私立高校がない地域もあります。少なくともトップ大学を狙える私立高校がない地域はかなりあります。

ところが、いままでトップ大学に進学したいと願う生徒の目標となっていた、その地域の公立進学校が、従来型の授業や偏差値に依存した進路指導しかできないならば、その生徒と保護者はどうしたらいいでしょうか？

経済的な余裕がかなりある保護者の場合は都市部に下宿させ、受験改革に既に即応している私立進学校で学ばせるでしょう。

しかし、これからの日本ではそのような保護者はごく少数になります。では、どうしたらいいでしょうか？

私なりの予想は本章の後半で申し上げることにします。

# 英語教育の外注化がいっそう進む

## これから必要な英語力とは?

私が英語を学んだときから、「なぜ、英語を学ぶの?」という質問に対する答えは「日本は今後国際化する、海外で活躍できる人材を育てる」というものだったと思います。だから、「国際化するっていっても、日本人の圧倒的大多数は日本に住んでいる。少なくとも私は海外で仕事をするつもりはない。だから、英語は受験のためだけにある」と割り切っていたと思います。だから、２００７（平成19）年に楽天の三木谷浩史社長が2年間で社内公用語を英語にする方針を明らかにしたとき、「それはやり過ぎではないか?」と思ったと思います。なぜなら楽天の社員の中で、海外と直接仕事のやりとりをする社員はごく一部だからです。

しかし、国際化の意味が変わってきています。

2015年4月から入国管理法が変わりました。簡単に言えば、高度な知識技能を持つ技師・研究者、また、会社の経営者の場合は、ほぼ自動的に日本で永住権を獲得できます。それは家族も同様なのです。少子高齢化する日本においてエリートを海外に求めているのです。

**いまの日本の国際化とは「日本は今後国際化する、国内で活躍できる人材を育てる」ことなのです。上司が英語しか話せない職場で働く能力を育成するのです。**つまり、外国人と関わる日本人の数は飛躍的に増えます。そこで重要なのは会話能力です。いま、学校英語で4技能が強く求められている背景はここにあります。

たとえば、楽天（単体）には世界70以上の国や地域から社員が集まり、全社員約6000人における外国籍比率は2割強。日本人だけの会議はほとんどなく、必然的に英語を使う環境になっています（〝AERA English 2017 Autumn & Winter〟朝日新聞出版）。

ところが日本の英語教師を養成している学部では英米文学、英語学が中心で会話は重視されてきていません。そのような現状を解決するために、日本の英語教育を捨てることが決められました。

それが大学入試センター試験に代わって２０２０年度に始まる新テストでの、民間試験の活用です。２０２０年度時点では活用は限定的でしょう。しかし、**既に、多くの大学で大学独自のテストにおいても民間試験を活用するようになっています。そして、それは拡大していきます。**

これは入社試験においても民間試験を活用する動きがあるからです。さらに教育においても、大都市圏の私立高校の英語教師として採用されるためには英検１級を求めることが一般的になっています。

## 保護者の求める英語教育のレベル

みなさんは英語を必死になって勉強したと思います。その理由は、ほぼ全ての大学の入試に出されるからです。英語の教育は学習指導要領ばかりではなく大学入試に支配されています。特に進学校ではその傾向が顕著です。

学習指導要領の縛りは比較的緩いものです。学校教育で詳細を定めているのは教科書です。しかし、「教科書の発行に関する臨時措置法」では「教科の主たる教材として、教授の用に供せられる」と定められていますが、それで「教授せよ」とは書いてないのです。学校教育法では教科書以外を使用できると明記されています。

つまり、教科書を利用しながら英語の民間試験の勉強をすることは法的には可能です。

ならば、卒業生の進路先の多くが大学である高校において、そのような教育をするようになります。そうなれば、私立高校の場合、その高校の入試において英語の民間試験等を活用します。それは中学校教育にも影響を与えます。

さて冷静に考えてみましょう。もし、英語の民間試験の点数を取ることが主目的ならば、それを取ることを専門とする学校と、学習指導要領・教科書に引きずられる学校と、生徒と保護者はどちらを重視するでしょうか？

明らかに前者です。

# 次なる国際化は英語だけではない

## 海外の人とつきあう能力が必要になる

前節で４技能を重視する英語教育が求められている背景を述べました。**しかし、これからの国際化は次の段階に移行します。その原動力は、ＡＩの驚異的な発達によるものです。**

自動翻訳の機能は驚異的に進歩しています。たとえば、自動翻訳機能付きワイヤレスイヤホン（Mymanu Click）が発売されています。また同様の機能を持ったMARSも開発されています。旅行に特化したワンフレーズ音声翻訳デバイスiliも発売されています。政府は２０２０年の東京オリンピックに向けて自動翻訳の精度を高めたサービスを提供しています。さらに**バーチャルリアリティの進歩を考えると、国や距**

**離はほとんど意味をなくします。**

たとえば、海外の大学に進学する際にＴＯＥＩＣ（国際コミュニケーション英語能力テスト）を求められなくなり、その人の専門的な能力のみが問われます。バーチャルリアリティの発達により、物理的に海外に留学する必要性がなくなります。自宅に居ながらにしてゼミや講義に参加することが可能な時代になるのです。ＳＦ映画にあるバーチャルリアリティの世界はもうすぐそこに迫っています。

『フラット化する世界』でトーマス・フリードマンは会計士の仕事が国際化することを事例としてあげています。会計データをインターネットで海外に送ります。送付元の国の法を熟知した賃金の安い会計士が処理し、それを返送することは一般化しつつあります。自動翻訳・バーチャルリアリティが発達すると、情報のやりとりに関して完全に距離や国境の障壁が無くなります。

たとえば、家電のお客様相談センターは完全に海外に移転し、日本語を喋れない海外の人が自動翻訳機で対応するようになるでしょう。つまり、現在、電話やネットで顧客とやりとりしている仕事は全て海外に移転してしまいます。

では、そのような時代に必要な能力は何でしょうか？

英語ではありません。４技能も必要ないし、英検も重要視されなくなるでしょう。

**大事なのは「海外の人とつきあう能力」なのです。**たとえば、宗教が多様であることを理解し、どんなことをすべきで、どんなことをすべきでないかを身体化する必要があるのです。どんな国にもタブーとしている言葉や仕草があります。それを熟知し身体化していないならば、さりげない一言で人間関係を破壊してしまいます。

アイビーリーグでは外国人の枠を設けて、意図的に人種的多様性を高めています。これによってアメリカ国内に居ながらにして、多様な人とつきあうことの能力を高めています。我が国の英語教育もその方向に変わる必要性があります。たとえば、日本の学校が海外の学校と提携し、自動翻訳とバーチャルリアリティを活用し、共に学び合う教育をする必要があるでしょう。

いままでは一定以上の英語の能力がなければ理系の研究者として成功することは不可能でした。業績は基本的に英語で書かなければならないし、情報は英語を通して得ています。研究者同士の会話は英語です。**しかし自動翻訳とバーチャルリアリティを活用すれば、子ども達は英語学習にエネルギーを費やさなくてもよくなります。**数学的な才能を持つ子どもは、英語に費やしていた時間を数学に費やすことができるのです。つまり専門能力は高いが英語の能力が低いために活躍できなかった人が活躍できる時代が来るのです。

## 多様な価値観で考えるようになる日本社会

本節で述べた社会では自分自身がネイティブのように英語をペラペラ喋れる必要性はないですが、英語を喋る人と日常的に一緒に仕事するようになります。他国の価値観の中で物事を考えるようになるのです。そのような社会が形成され、数世代を経た日本を想像してください。

世代間の価値観のギャップ、同世代間のギャップが大きくなります。おそらく、いまと全く違う状況が日本に広がるでしょう。当然、「日本の伝統を守るべきだ！」と主張する人はいるでしょうが、変化を止めることはできません。これまでの日本にもこのような急激な変化がありました。しかし、これほどの変化はいままでありませんでした。新たな日本、日本人、日本文化の可能性にワクワクすると同時に、取り残される人達の不安を思います。

# 時代に即していない学校現場のICT教育

## 工業化社会は終わった

未来学者であるアルビン・トフラーは人類の歴史を、農業を中心とする社会、工業化社会、情報化社会の3つに分けています。現在、工業化社会から脱工業化社会、すなわち情報化社会へ移行している途上であり、そのため社会にはさまざまな混乱が生じるであろうことを予想しています。

工業化社会は物事を工場での生産をモデルにして考えます。工業化社会の特徴は「規格化」「分業化」「同時化」「集中化」「極大化」「中央集権化」だと、トフラーは特徴付けています。工業化社会では、それが「正しい」とされてきました。この考え方は教育の世界でもそうです。各自治体では、「○○スタンダード」「○○方式」という一定の授業の方法を定め、それを一律に全教員に求めます。規格化です。中学校になれば、教科担任制になります。高校になれば中学校では理科だったものが、物理、化学、生物、地学に専門に分かれます。分業化です。学校全体の授業は一斉に始まり、一斉に終わります。同時化です。へき地小規模校は統廃合され、大きな学校になります。学校給食は給食センターになりました。集中化、極大化です。文部科学省、都道府県教育委員会、市町村教育委員会という流れで管理・コントロールされています。中央集権化です。

工業化社会では以上が正しく、効率がよいと考えます。みなさんもそうだと思います。そして、それが崩れた学校教育を想像できないのです。

しかし、情報化社会へ移行する中で、一斉に働く必要がなくなり、自由な時間に働くことや、通勤地獄と無縁の生活も可能になりました。地方に住みネットで仕事のやりとりをする働き方も生まれました。非同時化、分散化です。物理的に集まって仕事をする必要がなくなれば、職場（個人宅も含まれます）は相対的に小さくなります。また、**これからの時代は個人個人のニーズに柔軟に素早く対応することが必要ですので、現場での自由裁量が必要になります。**適正規模化、地方分権化です。少人数（個人も含みます）で仕事をする幅広い能力が必要で総合化が進みます。自由に働きたい、遠くに通勤したくないということは、昔から働く人の夢でした。それがインターネットによる情報化社会で可能になりました。トフラーは、これからの社会は「個性化」「総合化」「非同時化」「分散化」「適正規模化」「地方分権化」という工業化社会とは逆の方向へ向かうとしました。これは教育も同じです。子どものニーズは多様化・個性化しています。いま、それに対応できる環境は整っています。

## いまだに学校は工業化社会の論理でＩＣＴを使っている

ところが、最先端のＩＣＴも、使い方ひとつで見事に工業化社会の時代に逆戻りします。

いまの学校でのＩＣＴの使い方を見てみると、学校のコンピュータ室は工場です。子ども達は工員です。コンピュータはコンピュータ室に集中化され、１人１台は必要だと言って極大化します。教師が集中管理した規格化された授業をします。たとえば、教師は「はい、キーボードの右側にある●●を押してください。それ以外は押してはダメですよ。はい、どうぞ。……画面は△△になったことを確認してください。次に……」と進みます。

このようにネット利用さえも同時化しようとします。「はい、どうぞ」と一斉に同じボタンをクリックしたためにネットがパンクしてしまう事例が各地で起こっています。見事に工業化社会の論理です。そもそも一人ひとりの理解のスピードは違います。興味関心、分からないところも違います。したがって、同時に同じ方法で利用をすることは不自然です。

いま、ネット上にはさまざまな動画サービスが無料で提供されています。ネット上の動画には圧倒的に優位な点があります。それは学習者が任意に止めて、元に戻して何度も繰り返し聞ける点です。息子はそれを何度も利用しています。これは授業では不可能です。子どもがバラバラに「先生、もう一度繰り返して」と言い出したらいまの工業化社会の授業は成り立ちません。

**たとえば、息子はトライイットとWEB玉塾というサービスを使っています。横で見ていて感心します。かなり授業力のある教師が、チームで作った教材を使って授業**

をしているのです。これだけでも、並の教師より優位です。

## ネット動画を利用した授業が可能になる

福岡県の公立高校の教師が世界史の授業をユーチューブで公開し、再生回数が700万回を超えたというニュースがありました[※1]。

これからは大量退職の時代です。ユーチューブの仕組みを知っている人は少なくありません。その人が退職後に同じようなことをするのは自然です。そのような人たちがてんでにバラバラと自分の授業をアップするようになります。子ども達はその中からチョイスするのです。

内閣府の青少年のインターネット利用環境実態調査（2016（平成28）年度）によれば、中学生のスマートフォンの利用率は半数を超え、小学生ですら4分の1は所有しています。高校生に至ってはほぼ全員が持っています。

我々の調査[※2]では、人数分のタブレット端末を用意し、ネットを自由に利用しアプリケーションも自由にダウンロードできる環境で自由に学ばせました。その結果、人数分のタブレット端末を用意したのにもかかわらず、人数の２分の１から３分の１程度の数のタブレット端末しか使わなかったのです。１つのタブレット端末を複数の子どもが共有し、それをワイワイと相談しながら使っていました。さらに、授業中にスマートフォンを使わせれば、予算ゼロでネット動画を利用した授業が可能なのです。

授業時間外にデジタル教材等により知識習得を済ませ、教室では知識確認や問題解決学習を行う反転授業にはまだ工業化社会の発想の「しっぽ」が残っています。次に来るのは自宅だけで自由にネット利用する反転授業ではなく自宅でも学校でも自由にネットを利用できる全転授業です。

※１　https://www.youtube.com/channel/UCzSU4Vjk2VBJFHPvB5SJxHA

※２　伊藤大輔、飯野弘人、川口博貴、西川純（２０１６・12）「アクティブ・ラーニングにおけるＩＣＴ活用についての研究、生徒の自由なタブレット端末の使用に着目して」臨床教科教育学会誌16（２）、臨床教科教育学会、11〜18頁

# 子どもと保護者が教師や学校を見捨てる

## 学級崩壊の原因は、実は成績のよい子？

学級崩壊の原因は何でしょうか？　おそらく傍若無人な行動をしている子どもが原因と思われているでしょう。しかし、違います。**本当の原因は、学級崩壊のクラスでも「そこそこ」勉強している成績のよい子です。彼らが「この教師の言うことに従っても得はない」と判断し、その教師の言うことを聞かなくなります。それを見ていた中間層の子どもが安心して教師を馬鹿にします。**クラス全体が教師を馬鹿にするようになるので、下位層の子どもが傍若無人になるのです。その傍若無人の行動をクラスのみんなが拍手しているのでエスカレートします。

職員室を例にあげましょう。校長に従うか、馬鹿にするかを多くの職員は何で決めていますか？　誰に対しても「たてつく」職員ですか？　違いますね。職員の中で人望があり、分からないことがあると相談されるような職員が校長を馬鹿にすると、それが広がりませんか？　それと同じことが教室でも起こるのです。

実は、これはずっと昔からあります。いまから30年以上前に私は大塚の筑波大学附属高校で教育実習をしましたが、駒場の附属高校で実習した同期生からおもしろい話を聞きました。彼によれば、教育実習生の授業など、駒場の高校生にはチャンチャラおかしいレベルなのです。そのため、高校のレベルの授業をしようとすると拒否するのです。そこで、同級生は卒業研究でやっている菌類の分類の話をすることになったそうです。

そのようなことを駒場附属の実習指導教諭は容認していたのです。なぜでしょうか？　なぜなら、自分たちも同じだったからです。

実は学級崩壊は「速やか」に立て直すことができます。なぜなら、学級崩壊の原因は成績下位層の子どもではなく、上位層の子どもだからです。その子どもはいまの状態が自分にとって得ではないことを知っています。だから、「この教師の言うことを聞けば得だ」と思えば状況は速やかに変わります。

教師の授業以上に自分に得なツールを持ったらどうなるでしょうか？　**具体的には、スマートフォンで授業の動画を見るのです。それを見ている方が有益なら、崩壊を継続させた方が得ということになります。**

## 高学歴の保護者による反乱が起こる

ある日の小学校です。

医師、弁護士の保護者が学校に来ました。いずれもＰＴＡの役員をしています。校長室で校長と担任を前に以下のような話をします。

**保護者**　Ａ先生には大変お世話になっております。ありがとうございます。子どもはＡ先生が大好きだと言っております。さて、Ａ先生と校長先生にお願いがあって参りました。学校にはさまざまな成績の子どもがいて、先生方はその全ての子どもを教えなければなりません。そのため、授業の多くは成績が中か、もしくは中の下に合わせることになりますよね？

**教師**　はい、だいたいそうなります。

**保護者**　我々の子どもは中学校受験を控えています。そのため塾にも通っています。言いにくいのですが、A先生の授業内容は我々の子どもには合わないのです。すみませんが、簡単すぎます。中学校受験には間に合わないのです。

**教師**　……。

**保護者**　そこでお願いがあります。私どもでタブレット端末を用意します。ネット環境も私どもで確保します。ネットの授業を授業中に利用したいのです。もちろん、イヤホンを使ってA先生の授業の邪魔はしません。子どもに必要な教育を受けさせたいのです。

**教師**　それは困ります。学校は学習塾ではありません。受験のため以外に学ぶべきものがあります。

**保護者**　それは何ですか？

**教師**　子ども達同士で関わり合うことです。

**保護者**　でも、授業参観で見させていただいた限り、ネットの授業と同じで基本的に先生から子どもへの一方通行でした。そして、子ども達同士の関わりの場面はありませんでした。それは教科以外で学べばいいことですよね？

**教師**　お子さんに合った発展的な教材を用意します。

**保護者**　では、しばらく様子を見ましょう。

しかし、発展的な教材を用意した方だったらお分かりのはずです。たった数人のために、労力が2倍、3倍になります。続けられません。しばらくして同じ保護者達が学校に行き、その事実を突きつけるのです。そして、「我が子の教育を保証してください」と迫られるのです。

断り切れますか？　もし、数人を例外的に許したとします。その噂はあっという間に広がります。保護者の中で「勉強のできる子は、タブレットで勉強している」と広がるのです。そうなれば、「私の子どもも」となりませんか？　そうなった後の教室は、授業進行に頼っていた子どもはタブレットで勉強し、やる気のない子どもが遊んでいる。そんな地獄図が広がるのです。あなたは耐えられますか？

ＭＭＤ研究所とアオイゼミの調査（２０１７（平成29）年12月）によれば、学校にスマートフォンの持ち込みが許可されている中学生は約15％、高校生は9割弱です。許可されていないが持ち込んでいる生徒も含めれば中学生の2割強、高校生の6割は学校でスマートフォンを勉強で使っています。そして、授業外を含めれば、中学生も高校生も9割以上がスマートフォンを勉強に使っています。**都立高校は2018年度（全校実施は2020年度）から、個人のスマートフォンを授業で活用できるようにする方針となりました（日本経済新聞2018年1月4日付）。**

おそらくはこの動きは地域を越え、校種を越え、広がっていくでしょう。そうした中で、中学受験、高校受験、大学受験を控えた児童・生徒が、授業中、スマートフォンで自分の受験勉強を行うケースは必ず出てくるでしょう。

また、その子の親が「うちの子どもは大事な受験を控えている。うちの子が授業中、スマートフォンでみんなと違う勉強をしていても注意しないでほしい」と訴えてくることもあるでしょう。そうした事態はもはや不可避なのです。

## 学校が見捨てられる

これからの時代のトップ大学に合格するにはアクティブ・ラーニングによる授業を高校で受ける必要があります。しかし、先に述べたように公立高校はこれに対応しません。

## トップ大学への進学を見込める私立高校のない地域に住む子どもや保護者はどうすると思いますか？

**高校を見捨てるのです。**高等学校卒業程度認定試験合格を目指すフリースクールに集まって、子ども達はネット動画に基づき受験勉強をするのです。学習指導要領の縛りから離れ、受験勉強に集中します。高等学校卒業程度認定試験の受験科目は国語、社会、数学、理科、英語の5教科で、体育、音楽、美術等はありません。子どもたちは、それらの受験科目に集中できます。

毎年、雑誌で東京大学等の有名大学の合格者数のランキングが掲載されます。もし、灘高校、開成高校よりもフリースクールの合格者が多かったら、どうなると思いますか？　**保護者も子どもも、高校の教育課程は大学入試のためにあると思っている人は少なくないのです。**なお、これは高校だけのことではありません。私が勤めた高校（学力的には最底辺の定時制高校）には、中学校3年間の出席日数が3日の子どもが、立派に卒業して、高校に入学してきました。中高一貫のフリースクールが名門化することもありえます。

そんな保護者はいないと思っているあなたへ。新たなモノ、コトが普及する過程には段階があります。エベレット・ロジャーズのイノベーター理論やジェフリー・ムーアのキャズム理論によれば、革新的な人が16%、保守的な人が16%、常識的な人が68%います。そして、新製品や新技術を採用する人が16%を超え（たとえば17%）、過半数を占める常識的な人が採用し始めた時に、それは爆発的に広がります。

時代の流れに沿った動きをする人が少数いれば、やがてあなたも同じ行動をするようになります。静かな革命とは、そういうものなのです。

革新的な人は必ずいます。彼らが中学校、高校に入学しなくてもトップ大学に入学できるという結果を出せば、常識的な人は追従します。そして、爆発的に広がって、新たな「常識」が生まれるのです。実際、経済産業省は２０１７年に教育サービス産業室を新設し、「学びと社会の連携促進事業」という事業を始めました。事業内容は新たな教育産業の創出です。たとえば、ネットを最大限活用した塾・予備校・フリースクール等もそうです。ＩＣＴを活用した個別化された（個に応じた教材を提供できる）学習ツールも次々と登場していますが、そのような教育産業の管轄省庁は経産省です。現在の学校教育の機能の多くがアウトソーシングされると見られており、その受け皿を担う部分も、経産省の所轄になると思われます。

# 公立学校が独立行政法人化される

## 教育関係予算の大幅なコストカット

少子高齢化する日本にお金はありません。財務省は予算のあらゆる面を精査し、整理しようとしています。とにかくお金がないのですから。

当然、教育もそのような対象です。教職員は単一の職種としては最大の職種です。考えてみてください。小学校1年から中学3年まで日本人は全員学校に行きます。ほとんどの子が高校にも行きます。小学校では30人に1人程度の教師がつきます。へき地の場合は、数人の子どもに1人つきます。中学校・高校は教科担任制になるので、さらに高率になります。2017（平成29）年度の労働力調査と学校基本調査の数値によれば、働いている人の66人に1人は小学校から高校までの教員です。すごい数ですね。その中の公立学校の給与、施設、教科書は国が多くを負担しています。財務省がそこを何とかしたいと思うのは当然ですね。

## 小中学校の独立行政法人化はあるか

**規模を縮小する方法として、廃校・学級減という方法ではなく、根本的な方法をとることもありえます。具体的には現在の公立の小中学校を市町村レベルの独立行政法人化し、公立高校を都道府県レベルの独立行政法人化するのです。**

私の務めている上越教育大学は、独立行政法人化する前の２００４年は34億３０００万円の予算を国から運営費交付金としてもらっていました。２０１７年の運営費交付金は31億円になりました。本学の予算の大部分は人件費です。２００３年末の教員スタッフ数は１７４人でした。２０１７年末で１４７人になりました。これと連動して、教授に昇任する平均年齢は10年弱上昇しました。昇級ストップの年齢以降に教授に昇任しても給与的には准教授のままです。

文部科学省のホームページの「国立大学の法人化をめぐる10の疑問にお答えしま

す！」というコーナーがあります。その中に、「国立大学を法人化するというのは、国の財政支出を減らすために、民営化するということなのですか。」という質問があります。それに対する答えは、以下のとおりです。

――国立大学はこれまでも、高等教育と学術研究の水準の向上と調和のとれた発展に大きな役割を担ってきました。具体的には、①大学院の整備などにより、我が国の学術研究と研究者養成の中心的役割を果たすこと、②学問分野のバランスに考慮しながら必要とされる人材養成を行うこと、③都市部だけでなく地方も含めてバランスよく配置することで、地域の活性化や学生の進学機会の確保に貢献すること、などです。国立大学には法人化後もこれらの役割をしっかりと果たしていってもらう必要がありますから、法人化後も独立採算制にはせず、国立大学法人制度という新しい仕組みの中で、国が引き続き必要な財政措置を行うこととしています。

このように、今回の法人化は、財政支出の削減を目的とした「民営化」とは全く異なるものです。

また、「国立大学が法人化すると、学生にとっては何がよくなるのでしょうか。」という質問に対する答えは、以下のとおりです。

――法人化すると、組織・予算面での自由度が大きくなりますから、各大学の判断で、学生や社会のニーズを踏まえながら弾力的に学科を編成したり、様々な履修コースの工夫などができるようになります。また、法人化後は定期的に評価を受けることになり、その中で、学生による授業評価は重要なポイントの1つとなってきます。したがって、各大学は学生による授業評価等を踏まえながら、いま以上に授業内容を充実させたり、授業のやり方をいろいろと工夫していくものと思います。

さらに、進路選択の相談などの学生サービスについては、今回の国立大学法人法の中に、国立大学の行うべき業務であることをはっきりと書くことにしました。このため、法人化を機に、各大学が学生サービスの重要性を改めて認識して、これまで以上に学生の視点にたって運営が行われるようになると考えています。

## 小中高の独立行政法人化の際にも、これとまったく同じ説明がなされるでしょう。

# 教員の働き方が変わる

## 独立行政法人の雇用形態とは？

「地方公務員法」の第27条、第28条によって公務員の身分保障がされています。しかし学校が独立行政法人になれば教育公務員特例法ではなく、労働契約法、労働基準法によって労務管理されます。労働契約法第16条では「解雇は、客観的に合理的な理由を欠き、社会通念上相当であると認められない場合は、その権利を濫用したものとして、無効とする。」とされ乱用は許されていません。民間企業が整理解雇をする場合、以下の条件を満たさなければなりません。

① 人員整理の必要性が存在すること

② 解雇を回避するための努力が尽くされていること

③ 被解雇者の選定が客観的合理的な基準によってなされたこと

④ 労働組合または労働者に対して事前に説明し、納得を得るよう誠実に協議を行ったこと

学校の予算の圧倒的大部分は人件費です。したがって、運営費交付金を減らされた場合、人件費を削減するしか方法はないのです。

**さらに、日本創成会議の「ストップ少子化・地方元気戦略」（2014（平成26）年）によれば2040年時点で人口が1万人を切る市町村は523で全体の約3割だとしています。**独立行政法人を維持する力を持てなくなり、「客観的に合理的理由があり、社会通念上相当であると認められる解雇」が成り立つのです。

## 学校のブラック勤務を解消するには？

「公立の義務教育諸学校等の教育職員の給与等に関する特別措置法」（給特法）の第3条に「教育職員（校長、副校長及び教頭を除く。以下この条において同じ。）には、その者の給料月額の百分の四に相当する額を基準として、条例で定めるところにより、

教職調整額を支給しなければならない。」とあります。そして、その第2項に「教育職員については、時間外勤務手当及び休日勤務手当は、支給しない。」とあります。**この条項によって、時間外や休日にいくら働いても手当が支給されないという、学校のブラック勤務状態が発生します。**

**ところが独立行政法人になれば、この縛りから外れます。**労働基準法の第36条に基づく、時間外及び休日の労働に関する協定を結ぶことになります（いわゆるサブロク協定）。私立学校の場合は既にサブロク協定を結び、時間外及び休日の労働に関して一定の縛りをかけています。と、なるはずですが、実態としてはなきに等しい学校が少なくありません。しかし、地方自治体から運営費交付金をもらっている独立行政法人の場合、それを厳格に適用せざるを得ません。つまり残業・休日出勤は強いられず、残業・休日出勤した場合は時間に応じた残業手当が出るのです。

少子高齢化社会の中で労働人口を維持するためには、全ての人が働き続けられる環境を整える必要があります。そのために政府は「働き方改革」を進めています。我々が「それって教師がするべき仕事？」と声をあげることは将来の日本のためでもあるのです。

## 公立学校の運営が民間に委託されると

**日本再興戦略（2017（平成29）年6月）を受けて、国家戦略特別区域法（平成25年12月）の附則第2条第4項により民間に公立学校の運営を委託することができるようになりました。**

いままでにも地方公共団体と民間が協力して学校を運営する公私協力方式の学校はありました。たとえば、岡山県の吉備高原学園高等学校やぐんま国際アカデミー初等部・中等部・高等部などがあります。これら既存の公私協力方式の学校と構造改革特区の公私協力学校の大きな違いは、施設と予算にあります。

必要な施設に関して、既存の公私協力学校は一部を地方公共団体から貸与・譲渡されるのに対して、特区の公私協力学校は地方公共団体がその全てを無償・廉価で貸与・譲渡します。また、既存の公私協力学校の運営費は学校法人が負担するのに対して、特区の公私協力学校は学校の自己収入のみでは不足する分を地方公共団体が補助します。

簡単に言えば、既存の公私協力学校は私立学校を地方公共団体が援助するのに対して、特区の公私協力学校は、地方公共団体が私立学校を創ることができると言えます。

では、なぜ、地方公共団体が私立学校を創る必要性があるのでしょうか？　それは教育公務員特例法等の縛りから離れることができるというメリットがあるからです。

## 特区の公私協力学校のメリット

**大阪市は特区への申請において、特区の公私協力学校のメリットとして、民間法人が管理することによる柔軟な人事管理制度を第一にあげています。**具体的には、公務員制度では任用できない職種への外国人教員の配置が可能（主幹教諭等）、人件費を柔軟に設定できるため、能力や実績のある外国人教員等に対し給与の優遇措置が可能（教育目標を達成するためには、能力や実績のある外国人教員による高いレベルでの指導が不可欠）、多様な任用形態、勤務条件が可能となるため、産業やビジネス現場の第一線で活躍中の外国人を教諭として登用することが可能（スーパー外国人教諭）等の理由をあげています。

これらを地方公共団体が施設・予算でバックアップすることによって、公立並みの授業料設定（中学校は無償）により、広く市民全体に教育プログラムの提供が可能になるのです。

大阪市の例は国際バカロレアの取得を目指した学校ですので外国人教師の配置を例に挙げていますが、他の教科の教師も同様にすることができます。

公立学校の優秀な教師を高給で雇い（半公立なので安心して異動できる）、逆に評価の低い教員は一定のプロセスの後に解雇することが可能なのです。優秀な教師が集まる学校ですので保護者の評判もよくなります。そうすれば、もっと設立してほしいという住民の要望が出るでしょう。地方公共団体は公立学校の教員の採用を手控え、特区の学校を充実させます。つまり、地方公共団体がこの制度を活用すれば、ほぼ同じ予算で教育公務員特例法等の縛りから離れた学校運営ができるのです。

みなさん気づかれましたか？　**既に独立行政法人への道筋はでき上がっているのです。**

# 教育界に破壊的イノベーションは起こるか

## 高大接続プランと教育改革

いま、最も真剣に教育改革に取り組んでいるのは高校ではないでしょうか？　現在の高校を知れば知るほどビックリします。

私が高校教師だった三十数年前の高校は、指導法を学ぶ教師はほとんどいませんでした。それぞれの専門を学びそれを教えればよいと思っていました。指導法が必要であることは分かっていましたが、それは実践経験の中で学べばよく、組織的な学習や研修が必要であるとは思われていませんでした。その私が10年ほど前に高校でも研究授業があると聞いたときに腰を抜かしました。そしていま、一層加速しています。なぜかと言えば、２０１７（平成29）年の学習指導要領改訂は大学入試制度の改革と連動しているからです。

しかしながら、先に述べたように本当に教育を改革しようとしているのはトップの大学に留まります。そして、それに必要なトレーニングは、そのトップの大学に進学を想定している高校にしか広がりません。それをより多くの大学、それに連動する普通科高校にひろげるにはどうしたらよいでしょうか？

教育内容を「ああせえ、こうせえ」と指導しても実行力はないでしょう。**高大接続プランは大学入試を改革することによって、高校教育を変えようとしています。**だから同じことをやればよいのです。大学や普通科高校の出口を変えればいいのです。

## 「未来」のニーズが価値の逆転を起こす

破壊的イノベーションとはクレイトン・クリステンセンの提唱したイノベーション理論です。いままで市場で独占的な位置を占めていたサービス・製品があっという間に弱小な後発のサービス・製品に乗っ取られる仕組みを述べています。

企業は「いま」の顧客のニーズに応えようとして革新をし続けます。これを持続的イノベーションと呼びます。このイノベーションは技術力、スタッフ、資金力で優位な企業・製品に、後発の企業のサービス・製品が立ち向かっても勝てません。

**破壊的イノベーションは「いま」の顧客のニーズではなく、「未来」の顧客のニーズに応えるサービス・製品が起こします。**つまり、ドラッカーの言う顧客の創造者なのです。「未来」の顧客のニーズに応えるために、「いま」の顧客のニーズは犠牲にします。あるときには無視さえします。当然、そんなサービス・製品を選ぶ顧客は多くはありません。市場規模が小さいので独占的な企業は見向きもせずに「いま」の顧客のニーズに応えようとします。

一方、破壊的イノベーションで勝負する後発企業は小さな市場でみずからの製品を洗練します。そのうち「未来」の顧客のニーズが「いま」の顧客に認められた時、市場が逆転してしまうのです。

たとえば、コンピュータ業界ではＩＢＭは巨人でした。パソコンなんてオモチャだとせせら笑って相手にしませんでした。たしかにパソコンと大型コンピュータの演算能力の差は天と地ほどの差がありました。しかし、演算能力を犠牲にし、その代わりに低価格でコンパクトさを実現したパソコンは「個人ユーザー」という新たな顧客を創造しました。最初はパソコンオタクたちのオモチャだったのが、一般人向けの製品になりました。ＩＢＭが気づいたときには取り返しのつかない状態になってしまいました。

カメラは画質で勝負していました。光学部品の性能向上でしのぎを削っていました。ところが、画質を犠牲にし、現像等がいらない手軽さで勝負したデジタルカメラに乗っ取られたのです。そのデジタルカメラも、スマートフォンに乗っ取られてしまいました。

まとめると、後発の企業が「いま」の顧客のニーズを無視・犠牲にし、「未来」の顧客のニーズで勝負するサービス・製品を、「未来」の顧客のニーズを求める少数の「いま」の顧客相手の小さな市場で起業します。たいていの場合、「いま」の顧客のニーズに応えている支配的な企業はそれらを馬鹿にします。ところが、「未来」の顧客のニーズを「いま」の顧客が理解した時、大逆転が起こるのです。

これと似たようなことは次に述べるキャズム理論のジェフリー・ムーアも述べています。おもしろいことに、生物進化も同様の仕組みで起こります。進化は小さな隔離された地域で形成され、やがて広がるのです。

## 価値の逆転の可能性

いま、教育にも同じことが起こりえると思っているのです。**学校教育を動かしている文部科学省や都道府県教育委員会の人達にとって、経済産業省教育サービス産業室が手を付けている塾・フリースクール、厚生労働省人材開発統括官が所掌している職業訓練など歯牙にもかけていないと思います。たしかに現状はそうです。**資金力・マンパワーから言えば、3桁、4桁以上違うでしょう。しかし、それらが「未来」の顧客のニーズに応えたならば、それは破壊的イノベーションになります。

では、いまのニーズと未来の顧客のニーズは何でしょうか？　それは最初に述べたとおりです。いまのニーズは「規格化」「分業化」「同時化」「集中化」「極大化」「中央集権化」です。未来の顧客のニーズは「個性化」「総合化」「非同時化」「分散化」「適正規模化」「地方分権化」なのです。本章で書いたことは全てそれらに対応するものです。

不登校の子ども達が家庭やフリースクールで行う学習を義務教育と認める法律の試

案が、2015（平成27）年5月に超党派の議員連盟によって出されました。しかし、慎重論が多く翌年の3月に断念されたことをご存じの方も多いと思います。

**「教育機会確保法」（義務教育の段階における普通教育に相当する教育の機会の確保等に関する法律）という法律が2016年12月に成立しました。**ご存じですか？　この法律では不登校を認めています。そして学校以外（具体的にはフリースクール等）で学ぶことを積極的に認めているのです。

ムーアは『キャズム』の中で後発企業がマーケットリーダーになる「唯一」の戦略は、『小さな池で大きな魚になる』というアプローチ」であると述べています。ニッチ市場に特化することによって、安価・確実にホールプロダクト（顧客が満足する製品・サービスの集合体）を提供できます。市場が小さければ、最も信頼される情報である「口コミ」の相乗効果も期待できます。そして、速やかに市場のリーダーシップを握ることができます。

私は、そのニッチ市場は「不登校」と「特別支援」だと思っています。なぜなら、規模が小さいという理由にも増して、その市場の顧客が現状の教育への不満が大きいことが大きな理由です。そこで結果を出し、大きな市場に進出するのです。たとえば、能力の高い不登校児、情緒障害児が、先に述べたような抜群な受験結果を出すのです。
なお、当然のことながら、「教育機会確保法」は高校生ばかりではなく、義務教育の子どもも対象としています。

## どちらを選びますか?

本書を読まれている方の多くは「公立学校」という日本で最も巨大な〝企業〟にお勤めです。その〝企業〟が市場から追い落とされることを望んではいないと思います。また、公立学校が独立行政法人になることも望んでいないと思います。ただし、仮にそうならないとしても、みなさんの身分が「同一労働、同一賃金」の原則で待遇改善される非常勤講師になる可能性はあります。それも望まないでしょう。

では、どうしたらいいでしょうか? **それは本章で書いたような「個性化」「総合化」「非同時化」「分散化」「適正規模化」「地方分権化」に対応する教育をいち早く実現するしかありません。**しかし、クリステンセンはそれが難しいと言っています。

支配的な企業にとって、「いま」の顧客のニーズを無視・犠牲にしている後発企業のサービス・製品は魅力のないものです。そればかりか、もし、そのサービス・製品に取り組み始めれば既存のサービス・製品と相反してしまいます。そのため、転換が遅くなり、多くは手遅れになってしまいます。

文部科学省は方向性を示しますが、具体的な方法を強いることはしません。ところが、都道府県教育委員会、さらに市町村教育委員会になれば、具体的な方法を強いるようになります。それは、「規格化」「分業化」「同時化」「集中化」「極大化」「中央集権化」という工業化社会の考え方に基づくものです。一斉指導は規格化、同時化の表れです。それによって一定品質の規格化された授業をつくり出し、一定品質の規格化された学習者を育てようとしています。工業化社会では、それで成功していたのですが、しかし、社会は変わっています。ひずみの中で最も弱い部分にしわ寄せが集まります。それが「イジメ」「不登校」となって現れてきます。その子達は「個性化」「総合化」「非同時化」「分散化」「適正規模化」「地方分権化」を求めています。だから、それを提供する教育サービスが生まれれば小さな市場が形成されます。その受け皿が、学校教育なのか、フリースクールのような学校教育以外のセクターなのか。そこが分岐点となるでしょう。

# 学歴は必要とされず、即戦力が求められる

## 終身雇用が崩れた後に起こること

日本で一般的「だった」終身雇用は、無茶苦茶な雇用慣習と言えます。なぜなら、景気が悪くなって会社が苦しくなっても解雇しないからです。日本の経済が賞賛され、世界中から研究された時期において、トヨタのカンバン方式を採用した国はありますが、終身雇用を採用した他国はありません。なぜなら無理のある雇用慣習だからです。

ではなぜ、日本で終身雇用が成立したのでしょうか？　これが成立したのは１９５０年代以降です。１９５０年代以降は基本的に好景気でした。不景気になっても数年で好景気になります。そのため、採用後の短期間は厳しくても、雇用し続ける方が、優秀な人材を確保できるため、企業にとって有利だったのです。

しかし、先に述べたように少子高齢化でその条件は崩れました。

もし終身雇用が崩れたらどんなことが起こるでしょうか？

まず、企業内教育をしなくなります。入社した人にお金をかけて育てるのは、育った人がその企業で活躍してくれることを期待しているからです。ところが終身雇用が崩れた社会では、自分を高く評価してくれる企業に転職することが普通になります。もし、入社した人にお金をかけて育てても、育ったその人が転職したら投資が無駄になります。だから、企業内教育をしません。即戦力の人を雇います。

大量の入社希望者の中から一定の人を絞り込むとき、学歴は便利な指標でした。高学歴の人は規格化された知識・技能を習得することが得意であることを期待できます。ところが**これからは一般的な知識・技能の獲得能力ではなく、即戦力の知識・技能を持っている人が必要になるのです。**しかし、いまの大学のほとんどはそのような教育をしていません。それらは企業内教育の仕事であり、大学の教育ではないと思っているからです。

経済界の動きとしてはいま、もう新卒採用をやめる大企業がいくつも出てきています。**これまで大量の新卒を採用していた企業が採用方針を転換し、「経験者の中途採**

**用しか行わない」と宣言する企業が増えているのです。**実は、このことは海外では一般的なのです。日本が「普通」になるだけのことです。

## 採用基準は「使える資格」の有無に

大量の入社希望者の中から、即戦力の人材を選び出す指標は何でしょうか？　学歴ではありません。資格です。それも複数の資格の組み合わせです。

いままでは企業内教育において新入社員の適性を見いだし、担当する仕事を決めていました。しかし、現在は企業内教育がなくなり、即戦力のある経験者のみを採用する方向に変わりつつありますし、新卒採用を行う企業でも、正規雇用の新卒採用の場合は、明確な職種を想定した採用が行われるようになります。

たとえば、「東京大学工学部卒業生」と「工業高校卒業生でガス主任技術者乙種及び危険物取扱者乙種の資格あり」を比べたとき、迷うことなく後者を採用する時代になるのです。さらに言えば、いままでにない組み合わせ、たとえば「ガス主任技術者乙種及び危険物取扱者乙種の資格があることと、公認会計士の資格があることが望ましい」というような条件が求められたり、あるいは国際通用性のある資格を複数求められたりするような求人が生まれるのです。

つまり、脱工業化社会の「個性化」であると同時に「総合化」なのです。学生ごとにさまざまな資格を習得し、就職に繋げます。さらに、就職後も資格を取り続け、よりよい企業へ転職できるようになるのです。また、現在は4月に学校に入学し、3月に卒業し、4月に入社というのが一般的です。しかし、資格がそろうのは人それぞれです。したがって、入社時期もさまざまになります。就職できる条件がそろえば高校や大学を中退して入社する方が有利な時代になります。

つまり、「非同時化」なのです。

そのような「個性化」「総合化」「非同時化」した資格習得に、現在の学校教育は対応できません。

対応できるのは、職業につながる資格を教える専門学校です。これらは総合専門学校として巨大化できません。なぜなら、個性化したニーズに対応しようとすると、数人の学生のために教員を雇わなければならなくなります。だから、当然、相関関係の強い限られた資格を教える専門学校になります。

つまり、「適正規模化」なのです。

相関関係の強い資格を持つだけでは就職に対応できません。なぜなら、そのような資格の組み合わせを持つライバルは多いからです。だから、個性的な資格の組み合わせが必要です。これにはどのように対応したらいいでしょうか？

ネットを活用した学校になるでしょう。しかし、ネットのみでは実地での経験を積むことはできません。これを補うのは企業との連携です。学生は企業の実地とネットの授業を組み合わせ、資格を取れる能力を獲得します。これについては第2章でデュアルシステムについて述べます。しかし、このような企業との連携は、ネットのみでは形成できません。直に会って、相談し、信頼を築かなければなりません。

つまり、「分散化」「地方分権化」なのです。

トフラーの述べている脱工業化社会において学校教育は何ができるでしょうか？

## 資格取得に有利な専門学校化

これまでのことを読んでどう思われますか？「理屈はそうだけど……、でも……」

と感じると思います。それは明治維新にも戦後にもありました。**それまでの価値観が崩れても、以前の価値観をなかなか捨てられません。その中で凋落する人と、飛躍する人の明暗が分かれました。**

さて、現状の大学で上記のような即戦力重視の社会に大学が対応できるでしょうか？　かなり難しいと思います。先に述べたように学生が求める能力が多種多様だからです。そのため学校は、「個性化」「総合化」「非同時化」「分散化」「適正規模化」「地方分権化」した専門学校化しなければなりません。ただし、単に同じでは専門学校に勝てません。資格取得に有利な付加価値を持たねばなりません。そうでなければ、学歴よりも資格重視の時代になったとき、大学に進学する学生がどれほどいるでしょうか？

## 時代が変わると資格の価値が変わる

資格が今後の学歴になりますが、いまの資格がそれになるとは限りません。代表的なのは医師、公認会計士などの国家資格です。医師に関しては先に述べたとおりです。

ＡＩ・ロボットが進歩すればいまほどの医師の数は不要になります。地域医療に関しても、看護師がＡＩ・ロボットを動かしてデータをとり、ネットを介して医師が診断するようになるでしょう。そのような時代になれば医師が過剰になります。

私の時代には歯学部は人気学部でした。高収入だったからです。ところが歯科医師の数が昔に比べて3倍になったため、収入が3分の1になってしまいました。医学部の縮小は困難ですので、医師が過剰になるのは確実と言えるでしょう。そうなれば医師免許の価値も下がります。

公認会計士のような数字を扱う仕事はネットを介して海外で処理されるようになります。そうなれば公認会計士の免許の価値も下がります。

これはどの国家資格においても当てはまります。

時代が変われば価値の下がる資格もありますが、上がる資格もあります。たとえば医師において患者との信頼関係を築くことが顧客獲得のポイントとなると思われます。そうであれば、そのような臨床心理士の資格の価値が高まるかもしれません。

公認会計士においては、複数の国の制度を熟知し、複数の免許を持つことが成功のポイントとなるかもしれません。

## アカデミック大学の未来

少数の大学はアカデミック大学として残るでしょう。その候補はスーパーグローバル大学創成支援事業のトップ校だと思います。しかし、スーパーグローバル大学創成支援事業自体の選定基準からして、「規格化」「分業化」「同時化」「集中化」「極大化」「中央集権化」という工業化社会の特徴を前面に出しています。

巨大な工場をモデルにした大学ではなく、ネットを最大限活かした「個性化」「総合化」「非同時化」「分散化」「適正規模化」「地方分権化」に脱皮しなければならないでしょう。たとえば、個性化するならば、徹底的に個性的なカリキュラムを許さなければなりません。さらに入試も徹底的に個性的にならねばなりません。

トップ校の人的・物的資源を地方に分散し、それぞれが個性的なミッションを持つのです。その大学の周りには、そのミッションに対応する企業が誘致されるのです。

特に強調したいのは、国家資格の圧倒的大多数は文部科学省以外の省庁が所掌していることです。つまり、これからの新学歴を決めているのはそこなのです。

## 新たな資格をめぐる熾烈な競合

教員養成系大学の大きな顧客は地方公共団体です。そのため「生き残り」の意気込みは企業に比べて弱いのは当然です。当面、教職免許状は変わらないでしょう。しかし、先に述べたような独立行政法人化となれば話は別です。ネット授業を活用する授業が一般化したならば、いわゆる授業方法や教材の知識・技能は決定的ではなくなります。むしろ、集団を運営・管理する管理職としての能力が問われる時代になります。たとえば、ネットでしか繋がっていない学習者同士の関係を維持向上できる能力が必要です。もし、そのような管理能力の評価方法を開発し、それを文部科学省に提案し、その資格の独占権を獲得したならば、生き残る大学になれます。これは他の大学も同じです。各大学が独自の資格を開発し、関連した省庁と連携し国家資格とするのです。それを顧客に売り込み、それによって採用が左右されるようにするのです。

これからの時代に必要とされる能力を保証する資格はこれから生み出されるものです。別な言い方をすれば、資格という商品を開発し新たな顧客を創造できる可能性があるのです。

企業が新商品でしのぎを削るように、さまざまな教育団体は「自分たちが創設する資格」でしのぎを削る時代に突入します。

## アメリカの大学や就職の現状

終身雇用がないアメリカでは、超学歴社会なのです※。

アメリカの就職においては、大学名、学部名、専攻名が重視されています。そして、そこでの成績が厳しく評価されます。大手企業の場合、成績評価基準が重視され、一定の成績を満たさない学生は受験資格さえ与えられないのです。そしてエリートとなるには最低限、修士以上の学位が必要です。

日本の場合、大学名は考慮されますが、学部、専攻はあまり重視されていませんでした。なぜなら、企業は大学教育に期待せず、企業内教育で即戦力を養成しようとしていました。さらに、大学の成績も重視されていません、繰り返しますが、企業は大学の教育に期待していないからです。

**日本の終身雇用が崩れ、アメリカのようになるならば、日本の大学はアメリカの大学のようになるべきなのです。即ち、即戦力をつける授業をするのです。研究者養成の大学院は一部に限られ、大学院は即戦力養成の大学院になるべきなのです。**

企業から信頼される成績評価を行わなくてはなりません。これは単に成績を厳しくつければいいということではありません。学生達は成績が就職に決定的であることを知っているので、評価の妥当性の説明を求めるようになります。「総合的に判断し」というような評価は許されません。

企業は数多くの入社試験の応募者を全てていねいに評価することは不可能です。したがって、応募者の中で候補者を絞る指標を求めています。アメリカの大学はそれに応えています。終身雇用が崩れ、即戦力が求められる日本の大学はアメリカの大学のようになれば、企業から信頼されるでしょう。そして、大学名ばかりではなく、在学した学部、専攻、研究室がブランドとして評価され、その成績が信頼されるでしょう。

私はやがて日本の大学もそうなると思います。しかし、それには時間がかかります。

ハーバード大学は西暦１６３６年（日本ではポルトガル人を出島に移した年です）に開学しました。約４００年の歴史の中で洗練された文化があります。そして、アメリカは一度も終身雇用を一般化していません。つまり、企業は採用してから育てるのではなく、即戦力を求め続け、大学はそれに応えなければならないことを４００年続けているのです。

日本は専門職大学院、専門職大学を立ち上げていますが、それらが高等教育の中で認知され、一般化するには時間がかかります。そこで養成された人が教員となり、教育方法等を更新しなければならないからです。

だから、学校教育以外のセクターが対応してしまう先のシナリオの方が「残念」ながら可能性が高いと思っています。

教育村とその外側とのスピード感の違いからそう思います。

※　アメリカの学歴社会に関してはhttps://gaishishukatsu.com/archives/32830がコンパクトにまとめています。

COLUMN

# 働き方改革は間に合うのか？

上越教育大学の教員採用試験での合格率は高く、全国の大学の中で常に上位を占めています。それも、大量採用する人口の大きい都道府県に設置されていないことを勘案すれば、その合格率は驚異的だと思います。この最大の理由は、学生の教員志望の気持ちが強いという点です。

しかし、最近、教員ではなく市町村の公務員を希望する学生が増えています。私のゼミ学生にもいます。彼らと議論する際、私は教員の素晴らしさを語ります。しかし、公務員志望の学生が言うのは、教員の時間外及び休日の労働です。彼らの主張は間違ってはいません。いま「働き方改革」が進んでいます。やがて改善するでしょう。しかし、大量退職・大量採用の時代に改革が間に合うのか、と危惧しています。

# 第2章

# これからの学校現場で起こすべきこと

# 時代は意図をもつ者が変える

## 未来をつくる人になる

19ページでも紹介しましたが、**ピーター・ドラッカーは未来をつくりだす方法を2つ提案しています。1つは先に述べた「既に起こった未来」を用いる方法です。もう1つは「きたるべきものについて形を与えるための新しい構想を未来に投射すること、すなわち『未来を発生させる』こと」と述べています。**

昔話です。私の元々の専門は理科教育学でした。私が研究者になったときは、理科教育でも古典的な教育学が主流でした。理学部出身の私には違和感がありました。私は認知心理学の手法を取り入れた研究を始めましたが、なかなか認められず「迫害」（？）を受けました。

そこで、私は私と志を同じくする若手研究者（いまではいろいろな学会の学会長になっています）と集まって小グループを作りました。そして、自分たちで積極的に学会にシンポジウムを提案し、協力し合ってそのメンバーで論文を大量生産しました。その結果、学会の流れが変わり、私たちが主流派に変わりました。

その後、学会に私の研究室の大学院生と参加しました。学会の雰囲気で、私のやっている研究が主流の扱いになっていることを知った院生は、「先生はなぜ、先生の研究が主流になると予測できたのですか？」と聞きました。私は満面の笑顔で「予測したんじゃないよ。主流にしたんだ」と答えました。

時代の流れに逆行することは、どんなに力のある人が集まってもできません。しかし、時代の流れに沿ったことは、力のない人でも集まればできます。ただし、そこでできるのは「早める」ことです。誰が何をしようと、遅かれ早かれ起こることは起こるのです。

# L 私たちを縛ってきたモデルからの脱却

## 工業化社会のモデルは破綻した

繰り返しになりますが、「規格化」「分業化」「同時化」「集中化」「極大化」「中央集権化」が工業化社会の特徴です。我々は規格化され中央集権化したモデルに慣れ親しんでいます。それは「中卒より高卒、高卒より大卒。同じ高校、大学だったら偏差値の高い方がいい」という至極単純なモデルです。これに縛られ、学校教育も「社会で働く人材を育てる」ことより、受験・進学ばかりを重視する状況に陥っていたのではないでしょうか。

しかし、このモデルは破綻しています。先に述べたように初めて職に就く人の約4割は非正規雇用になっています。

高卒の正規雇用と大卒の非正規雇用の生涯年収は天と地ほどの差があります。共に正規採用であっても、大企業に勤める高卒と、中小企業に勤める大卒を比べると前者の方が高年収です。**その結果、偏差値的には低い職業科高校の卒業生の方が、偏差値の高い高校を卒業し、大学に進学した人よりも年収が高いことは珍しくありません。**

もう1つの固定観念にも我々は縛られてきました。それは、「地方には仕事がなく都会に就職すれば豊かになる」というものです。高度成長期ではそれはある程度は正しかったでしょう。しかし、少子高齢化社会のいま、都会の企業は地方の若者を吸収するだけの活力を持っていません。かなり名の通った企業でも、働いている人の中に占める非正規雇用者の割合は高率です（http://toyokeizai.net/articles/-/61645）。同じ非正規雇用だった場合、地元で生活する方がはるかに豊かに生活できます。私たちを縛ってきた固定観念から脱却する時期が来ているのです。

## 時代の変化に合ったモデル

中学校の先生方は職業を意識した本格的なキャリア教育は高校でやることだと思っ

ています。大学進学者率の高い普通科高校の先生も同じ考えです。大学がやるだろうと思っています。だから、キャリア教育といっても、そこそこの体験をさせることに留まっています。

しかし、高校進学の際、普通科高校に進むか職業科高校に進むか、さらに、職業科高校のどこに進むか、という選択は、就職に直結しています。つまり、中学校のうちに自分の進むべき職業の分野を決めていなければならないのです。

ましてや、中学校の教科成績に従って、高い方から進学型普通科高校、進路が多様な普通科高校、職業高校、夜間定時制高校と、序列的に進学先の決定をしているとしたら、それも大きな誤りです。そのような偏見、そして先にも述べた「中卒より高卒、高卒より大卒。同じ高校、大学だったら偏差値の高い方がいい」、また、「地方は仕事がなく都会に就職すれば豊かになる」という呪縛から、教師も子どもも保護者も逃れなければなりません。

その呪縛を解かなければ、これから激的に人口も経済も縮小していく社会で、意味のない教育投資をしてしまい、子どもの貴重な時間を奪い、奨学金という高額の借金を子どもに背負わせ、結果的には、その子が非正規雇用にしか就けないという結果を量産してしまう状況に陥るでしょう。

これは実際にいま現在、社会の中で大量に起こっていることです。**大学進学者の約半数が奨学金を借りており、大学卒業時の奨学金の借金が500万円にのぼるような学生はざらです。さらに、奨学金返済が困難な状況に陥った社会人は33万人を超えています。**統計によれば、その33万人のうち約6割が常勤ではない者です（「平成25年度奨学金の延滞者に関する属性調査結果」（独）日本学生支援機構）。既に「大卒の方がよい人生が送れる」というモデルは破綻しているのです。

さて、多くの人がこの呪縛から解かれるまでにどれだけの時間がかかるでしょうか？

正直に告白します。私はこれからの時代の変化についてかなり変わった考え方をしています。しかし、わが息子は工業化社会の成功モデルに沿って育てています。なぜでしょうか？　私一人では、息子や家内を説得できるとは思えないのです。集団の中で私は革新者なのですが、息子や家内は保守的な人もしくは中間層の人なのです。

私の息子には間に合いません。しかし、いまの小学生・中学生には間に合います。そして、学校で理解する同僚を生み出したら高校でも間に合います。急ぎましょう。

# 中学・高校から生産者になる

## 早期の職業教育が注目されている

政府の働き方改革では、働き手を増やすため、女性・非正規雇用者・高齢者の雇用を促進しようとしています。しかし、もう1つあります。それは中学生、高校生を働き手にすることです。

**ドイツを発祥とするデュアルシステムという教育システムがあります。いままでの学校教育と企業内教育を同時に進行させる教育です。**たとえば、週3日は学校で学び2日は企業で実務を経験させるというものです。1年から数年という比較的長い訓練期間を設け、それを学校で評価する点で、いままでのインターンシップやトライアル雇用と違います。ましてや、いままでの中学校の職業体験とは根本的に違います（残念ながら日本版デュアルシステムは職業体験の延長上にあり、上記のような特徴を備えていません）。

たとえば、工業高校の場合、最新の設備がある地元企業で週2日間働きます。働く内容に関しては企業と工業高校が調整し、単位化します。卒業後はその企業に就職することが期待されます。農業高校の場合は農業関連企業や農協、商業高校の場合は地元企業に対応します。

かつて、夜間定時制高校は、戦後、大量の労働力を必要として、集団就職などで都会にやってきた中学の卒業生たちが、働きながら学ぶ場でした。当時の卒業生の中には、さらに学びたいという方たちが、定時制高校から大学に進学することも普通にありました。最近、その見直しが図られ、過疎で労働力の不足する地域で日中に求められる仕事をしながら、夜間に学ぶという学校も出てきています。

**学校側としては生徒が最新の実地体験ができ、地域の大人との交流をさせられるというメリットがあります。企業側としては採用候補者のマッチングの機会となり、生徒が卒業後、即戦力の人を雇える可能性が広がるというメリットがあります。**地域としては、地域を理解し、地域コミュニティの中に次世代の人達が関わることで、新しい価値が生み出される可能性を広げます。実は私の勤めている上越教育大学の教職大学院では地元学校と連携して、こうしたデュアルシステムを教員養成のために行っています。

## 中学・高校でもジョブ型の教育を

おそらく職業高校ならば、「ありえる未来」と思う方も少なくないと思います。しかし、私はこれを高校教育で一般化し、中学校にも導入するのがよいと思っているのです。当然、「?!」と思われるでしょう。

しかし、既に普通科高校も中学校も職業教育をしています。現在、多くの学校で実施している1週間程度のインターンシップのことではありません。では何か？　たとえば、総合的学習の時間や探究活動を、本物のレベルで行うことは、身の回りの出来事や地域社会、そしてそこから外に目を向け、社会の中で、自らの課題を創出し、それを他者と協働しながら解決することになります。

高校の校種を問わずに採択されている、スーパーサイエンスハイスクール、スーパーグローバルハイスクールは職業教育と言っていいのではないでしょうか？　現在の中学・高校に設定されている教科科目の内容で、実社会や家庭生活に役立つものはどれほどでしょうか？　実際はあまり関係ないことを保護者は知っていますし[※1]、ほかならぬ教師も知っているのです[※2]。

現在は、大学に入るための教育を高校で行い、高校に入るための教育を中学校で行います。それが証拠に、大学入試は高校教育に、高校入試は中学教育に大きな影響を与えています。日本人の半数は大学に行きません。その人達にまで大卒者になるための教育をつきあわせていると私は思っています。一人ひとりの子どもたちが一人前になって社会に出るために必要なことを身につけるのが学校教育です。社会に出る、働くための教育、つまり職業教育という視点を持って、いま一度、学校教育の中身を見つめ直す必要があります。ヒントは新たな教育の試みにあります。それを一般化できるかどうかが鍵だと思っています。

※1　西川純、新井郁男、熊谷光一、田部俊充、松本修（1997・8）「生涯教育から見た各科教育」学校教育研究12、日本学校教育学会、136〜147頁
※2　西川純、新井郁男、熊谷光一、田部俊充、松本修（1998・7）「生涯教育から見た各科教育（その2）」学校教育研究13、日本学校教育学会、124〜136頁

# 中等教育・高等教育の改革

## 学資と大学進学を考える

日本の大学進学率は約半数です。ところが、日本以上の進学率の国はあります。オーストラリアは96％、ノルウェーは76％、アメリカ74％、オランダ65％です。ＯＥＣＤ加盟国中の平均は62％です。なぜ、こんな高い進学率を実現しているのでしょうか？日本と根本的に異なる点があります。

第一に、諸外国の大学の多くは、大学といっても実際は日本でいう専門学校にあたります。特定の職業に一対一対応するジョブ型の学校なのです。アカデミックな大学はありますが、それはごく一部です。

第二に、日本は高校を卒業して、すぐに大学に進学します。しかし、多くの国では高校卒業後に就職し、お金を貯めて、自分のお金で大学に進学します。大学入学年齢の平均は、オーストラリアは26歳、ノルウェーは30歳、アメリカは27歳、オランダは22歳です。社会経験を経てからの大学選びなので、ジョブ型大学が中心になるのは当然です。

ところが日本の場合は高卒の18歳の生徒が非ジョブ型大学を選んで進学します。そのために奨学金で入学し、返済できずに破産する人も生まれています。

## アカデミックな大学教育はどの程度必要か

2019（平成31）年度から日本で専門職業大学は生まれますが、既存の大学より一段も二段も低い大学という意識が一般的であり、新たな選択肢の1つとは考えられていません。しかし、これからの日本では専門職業大学が中心となり、社会経験を経てから入学する姿にシフトするべきです。さらに、もう一段階別の改革が必要だと思います。

日本の高校は普通科高校が大部分を占めています。そして、中学校は全員が同じ教育を受けています。そのため、中学校→普通科高校→大学（単線型学校体系と言います）という流れで学ぶ人が多くいます。その結果、前節で述べたように大学に進学しない人もアカデミックなもの（正確に言えば、学校化された知識体系）を学ばなければなりません。

これを読んでいる人の多くは大卒だと思います。その方々も高校のとき、「なんで、これ勉強するの？　私は文系（理系）なんだから関係ない」と思っていたと思います。私もそうです。私は漢文が大嫌いでした。

欧州の国々では日本の中学校段階からアカデミックな大学に進学する子どものための中学校と、大学に進学しないか、進学したとしてもジョブ型大学に進学する子どものための中学校の2種類が用意されています。

みなさんは「小学6年生の段階で進路選択をさせるのは無理、可哀想」と思われるかもしれません。しかし、日本の現状は、「小学6年生の選択権を奪い、アカデミックな教育を全中学生が受けなければならない」のです。どちらが無理で可哀想でしょうか？

少子高齢化社会では終身雇用が崩れます。さまざまな企業を渡り歩く社会になります。新人教育に予算をかけても、成長したとたんに他社に転職することが起こるので、新人教育はしません。そのような社会では、さまざまな役割や仕事に応じた即戦力を求めます。終身雇用がもともとない日本以外の国では「普通」で、「画一化された」教育などというものは責任を放棄していると言われます。

全ての高校は卒業したら働ける能力を生徒に与えることが使命なのです。普通科高校もアカデミックな職業への職業教育であることを意識しなければならないのです。

# 個人個人が豊かさを創造する社会へ

## 豊かさと欲望

残念ながら子ども達が大人になって働いても多くの収入を得ることは期待できません。その中で「豊か」になるためには何が必要でしょうか？

我々は「規格化」「分業化」「同時化」「集中化」「極大化」「中央集権化」という工業化社会の価値観に生きています。そのため、同じものを欲しがるように動機付けられています。たとえば、１９６０年代頃から映画の前に流れるコマーシャルが、１９７０年代頃のテレビのコマーシャルが、婚約時にダイヤモンド指輪を贈るという固定観念を日本人に植え付けたのです。

みんなが欲しがれば価格は高くなります。高い指輪は庶民には買えません。そして、その庶民の羨望がダイヤの価格を維持します。馬鹿馬鹿しいと思いませんか？　庶民は金持ちの優越感を維持するために、欲しいと思い続けているのです。

## 価値観の転換

脱工業化社会の特徴は「個性化」「総合化」「非同時化」「分散化」「適正規模化」「地方分権化」です。

ネットの発達によって自由な時間に、自由な場所で働けるようになります。そうすれば、通勤に時間をとられずゆっくり眠ることができます。家族と一緒に食事をとれます。都心だったら考えられないほどゆったりとした家に住めるのです。「非同時化」「分散化」「適正規模化」です。

私はほとんどテレビを見ません。私の娯楽の大部分は、庶民が発信する情報（ブログやフェイスブックやツイッター）です。それらは無料で、かつ、自分の楽しみたいときに楽しめるのです。そして私も、私も自分の情報を無料で発信し、それを読むことを楽しみにしてくれる人がいることを楽しみにしています。

アルビン・トフラーの『富の未来』という本を読みました。最初は、これから価格が高くなるものが書いてあると思ったのです。それを先買いすれば儲けられると思っていました。ところが、読み進む中で私の愚かさを自覚しました。私はみごとに工業化社会の価値観の中にいたのです。

工業化社会では誰かが決めた富をみんなが一斉に求めているのです。しかし、脱工業化社会は、一人ひとりが自由に個性的な「富」を創造する社会なのです。

このような発想を持てるようにならねばなりません。その第一歩は、先に述べた固定観念からの解放です。子ども達は小さい頃から、「中卒より高卒、高卒より大卒、同じ高校、大学だったら偏差値が高い方がいい。東京大学の法学部、医学部が勝組だ」という、ほぼ全員が脱落するレースに参加させられています。

その呪縛から子どもも保護者も解放しなければならないのです。自分自身の個性的な人生を創造できるようにしなければなりません。

## 再就職できる社会に

**中小企業庁の中小企業白書（2011（平成23）年度版）によれば、企業は起業して約10年で3割が倒産し、約20年で半数が倒産します。一方、子ども達は70歳まで働くようになります。つまり、子ども達は生涯に一〜二度の倒産を経験することは一般的になります。**

失業したら再就職しなければなりません。その時に、再就職できるか、否かを決めるのは何でしょうか？

マーク・グラノヴェッターという社会学者は、失業した人が再就職するために有効な情報を何から得たのかを調べました。その結果、「強い人間関係」を持つ人（肉親や親友）ではなく、「弱い人間関係」の人（知人）からの情報が重要であることを明らかにしています。この結果は意外かも知れませんが、少し考えれば当然です。肉親や親友の持っている情報は自分の持っている情報と重なっている部分が多いのです。

つまり再就職に繋がる新たな情報を持っていない可能性が高いのです。また、肉親や親友の数は限られていますが、弱い人間関係を持っている人の数ははるかに多い。したがって、多様な情報を多数得られるからなのです。

就職してから得た知人を思い出してください。ほぼ全員は職場関係ではないでしょうか？ 忙しい仕事の中で出会えるのは職場ぐらいだからです。ところが倒産となれば、その人達は同時に失業します。人の世話をできる状態ではありません。では、新たな情報を提供してくれる知人はどこで得たらいいでしょうか？ 学校で得る人間関係こそが、子ども達を救うネットワークになりえるのです。

## 地域のネットワークで助け合う

土日の夕方になると、さまざまな小中学校の体育館に地域の人が集まってきます。みんな、手には昨日の夕食の残りをタッパーに詰めています。そして、ソフトドリンクやお酒を持参しています。そこには夫婦で参加します。夫婦はその学校での同級生です。集まる人達も一緒に勉強した同級生や先輩・後輩です。子ども達も一緒です。そこで酒を飲みながらわいわい話しているのです。そんなときです。

**山田**　おい、田中の顔が見えないけど、どうしたんだ？

**杉田**　お前知らなかったのか？　田中の会社倒産したんだよ。それでいじけて来ないんじゃないかな？

**山田**　バカだな〜。おい、鈴木、話しを聞いたか？　お前の所で人が欲しいんだろ。

**鈴木**　分かった。電話かけるよ（スマホを取り出す）。

おい、田中、なんで来ないんだよ。お前の再就職のことだったら、俺たちが何とかするから来い。あ、サッチャンに代わって。あ、サッチャン、再就職のことだったら大丈夫だから、すぐ来てよ。何も持たずに手ぶらでいいから。

**経済は不安定になり、企業は生活を保証できません。でも、地域のネットワークで保証できたら素晴らしいと思いませんか？**

# AI、ロボット、移民に対抗できる方法

## 生き残る仕事を探せ

みなさんの住んでいる町に八百屋、魚屋はありますか？　いまの小学生に「八百屋」を読ませれば「はっぴゃくや」と読む子もいるかもしれません。

八百屋、魚屋はスーパーに駆逐され、スーパーは大型店に駆逐されました。スーパーや大型店は、「規格化」「分業化」「同時化」「集中化」「極大化」「中央集権化」という工業化社会の論理です。しかし、その大型店もネット通販に駆逐されつつあります。アマゾンは工業化社会の論理で発展していますが、サービスは、「個性化」「総合化」「非同時化」「分散化」「適正規模化」「地方分権化」で対応しています。

もう一つ、大きな要因があります。それは「ＡＩ、ロボット、移民」です。みなさ

んはＳｉｒｉと会話したことがありますか？　実に賢い。それが携帯電話に搭載できる時代です。ロボットもいかついアームのみの工業ロボットとは別格の人間型ロボットが開発されています。もちろん、いまの能力には限界がありますが、子ども達が働き盛りとなる、20年先、30年先にどれほど発達するかを想像してください。

そして、西欧諸国のように大量の移民を受け入れることはないかもしれませんが、我が国は移民に高い障壁を今後も維持できると思いますか？　既に入国管理法では、専門の職種に関しては障壁をほぼ撤廃しています。「移民受け入れの政策には反対だ」と考える人がいるかもしれませんが、それは時代とは逆行しています。日本は２０１５（平成27）年国勢調査から人口減少に転じ、２０１７年には自然減で約35万人が減りました。生まれる日本人より、死ぬ日本人が加速度的に増大する時代に突入したのです。移民の受け入れなしには、国が成り立たない時代が確実にやってきます。

実際、あなたの近所のコンビニでも日本人ではない人が仕事をしており、そのコンビニの店主は「日本人だけではうちのコンビニはやっていけない」と言っているのではないでしょうか。いや、最近は店主も外国人のことが多いです。

さらに、ＡＩが発達します。ビックデータがあるならばＡＩは人の能力を上回ります。囲碁の名人に勝てたのは、膨大な過去の棋譜があったからです。それをデータとして取り込み、それに基づきＡＩは対局します。数時間かかる対局は、コンピュータの中では数秒で終わります。人間だったら対局すればヘトヘトに疲れてしばらく対局できません。ところがＡＩは疲れずにずっと対局し続けることができるのです。結果として1年も経てば、人間が数万年、数十万年かける以上の対局経験を積み上げます。これでは人間が勝てないのは当然です。

このような「経験」が職能形成に重要で、その経験のもととなるデータの蓄積があるものはＡＩの方が勝るのです。つまり、現状の単純作業の仕事ばかりではなく、企業の中間管理職の業務もＡＩで置き換え可能なのです。

医者も例外ではありません。ＡＩ・ロボットが発達すれば、診療データの多くは自動的に収集できるようになるでしょう。1人の医者が、いまの数十倍の速度で対応できるようになります。医学はエビデンスベースで発達しています。その情報をＡＩはいち早く収集し、医師に適切なアドバイスをするのです。患者にとっては待ち時間がほとんどなく、適切な医療を受けられるようになるのです。つまり、必要な医師の数は数十分の一で十分です。

**さて、AI、ロボット、移民に置き換えられない職業は何でしょうか？　おそらく、みなさんが思いつく仕事のほとんどは絶滅します。残るのは「ひらめき」が勝負の仕事です。**

たとえば、寿司職人という仕事は駆逐されますが、超一流の寿司職人は残ります。多くの医院が潰れるでしょう。しかし、一部の超一流の医師は生き残ります。また、ＡＩやロボットの開発者は生き残るでしょう。しかし、ＡＩやロボットのメンテナンスはＡＩやロボットが担当します。

つまり、超一流はどの仕事でも人間が担当します。

しかし、そのような仕事に就ける人は千人に一人、万人に一人です。では、それ以外の圧倒的な人数の人の仕事は何でしょうか？

## 呉服店が存続する理由

みなさんの町に、お客さんが入っているのを見たことのない、ひっそりとした呉服店はありますか？　地方には必ずあります。不思議と潰れません。なぜでしょうか？

そのような店は飛び込みのお客ではなく、一定数のお得意様を相手に仕事をしているのです。そのお得意様との長年のつきあいから形成された人間関係で商売をしているのです。比較的頻繁にお得意様の家に行き、お茶を飲みながら世間話をしたり、呉服の手入れの相談にのったりします。そんなある日の会話です。

**呉服店**　そういえば、幸子さんの成人式はもうすぐよね。どうします？
**得意先**　そうそう、相談しようと思ったのよ。お願いできないかしら？
**呉服店**　そうだと思いました。いくつか用意してきたのですが、ご覧になりますか？
**得意先**　ありがとう。ぜひ、お願いするわ。

**このような個人の中長期にわたる人間関係から生じるサービス・製品の提供はＡＩにはできません。**ＡＩができるのは、インターネットなどの情報収集によって形成されるビックデータに基づくサービス・製品の提供なのです。

これはいくらでも応用できます。家族構成、趣味、誕生日の個人情報さえもビックデータ化されています。しかし直に会って培った人間関係は人間のみが作り出すことができるものです。その人間関係のある人が、お父さんの誕生日に、お父さんの好きな魚を下処理して持って行くことを、普段のつきあいの中で提案できたならば魚屋も成り立つかもしれません。

街の電気屋さんも見かけなくなりました。でも、電気屋さんがなにげなく家に遊びに行き、お茶を飲み、ついでに家電の不調を直していたならば、値段が多少高くてもその電気屋さんから買うと思います。家電の修理で、新品を買えるぐらいの修理費を請求されることがあります。アフターサービス込みと考えれば安いとも言えます。

## 生きた情報交換が仕事を生み出す

私は長年の人間関係によって形成されるお得意様相手の仕事が、ＡＩ、ロボット、移民の時代においても、一般の日本人ができる仕事だと思います。では、その顧客はどこで獲得すればいいのでしょうか？

第一は、家業を継ぐことです。いま、起業しても約10年で3割が倒産し、約20年で半分倒産する時代です。都会に就職するのと地元で家業を継ぐのと、どちらが有利かを真剣に考えるべきです。地方の商店がインターネットによって顧客を全世界に拡大することも可能です。

では、家業がない人はどうしたらいいでしょうか？

私は学校だと思います。学校で一緒に過ごす仲間で情報交換するのです。共に学ぶ中で苦楽をともにして繋がりを深めます。昔の商店街はそんな関係を維持していました。現在は、そこにインターネットという武器を持てるようになったのです。脱工業化社会というと、都会のビルの中でインターネットでバリバリ仕事をする社会のように思われるかもしれません。しかし、庶民がお茶を飲みながら情報交換する社会、そこでインターネットをツールとして使うのが、今後のスタイルだと思います。

## キーワードで探る生き残る仕事

世の中にはＡＩやロボットの発達に伴い、絶滅する仕事の一覧を書いた本は山ほどあります。しかし、一方、残る仕事は何だ、と具体的に書いてはいないと思います。なぜだと思いますか？

我々は大当たりの職業を探そうとしていますが、それ自体、工業化社会の思考方法なのです。「個性化」「総合化」「非同時化」「分散化」「適正規模化」「地方分権化」が今後の社会のキーワードです。

昔だったら専門家が集まって巨大な資本を使っていた仕事も、個人でできる時代です。たとえば、インターネットの発達によって、個人が放送局を運営することも可能です。ブログやユーチューブやZｏｏｍ（インターネットのテレビ電話・会議）などのサービスが無料で提供されています。さらに無料のAPI（アプリケーションプログラミングインタフェース）を活用すれば、安価・短期間で各種の新規サービスを立ち上げることができます。

第一次・第二次産業も変わります。経済産業省の「新産業構造ビジョン」（2017（平成29）年5月）によれば、今後の社会はシェアリングエコノミーになります。大型・高性能の機器を効率よく共有することができます。2030年頃には一般道を含めて自動車の自動走行が実現します。無人トラックが隊列走行するのです。それもAIで効率よくトラックをシェアすることができます。

誰でも農場、船舶、工場、放送局を持てる時代です。「個性化」「総合化」「非同時化」

「分散化」「適正規模化」「地方分権化」の時代に大勝ちする企業はありません。

## 業績を上げる社員の人物像

**グーグルは業績を上げるチームはどんな特徴を持っているかを調べました。**さまざまなことが調べられました。たとえば、「彼らの学歴に共通性はあるか」「同じチームに所属する社員は、社外でも親しくつきあっているか」「彼らは同じ趣味を持っているか」「彼らはどれくらいの頻度で一緒に食事をしているか」「外向的な社員を集めてチームにするのがいいのか、それとも内向的な社員同士の方がいいのか」などが調べられました。当然、そのチームに所属する社員の能力も考慮されました。しかし、それらはあまり関係ありませんでした。

**最終的に明らかになったのは「心理的安定性」でした。簡単に言えば、このチームの人達だったら自分を否定しない、受け入れてくれるというメンバーの信頼感でした。**この心理的安定性を得るためには、社員としての姿ではなくありのままの自分で接することが大事でした。

さて、このような「心理的安定性」をチームに生み出せるような特性を、子ども達にいつ養成し、獲得させたらいいでしょうか？　繰り返しになりますが、今後、企業内教育はほとんどなくなり、即戦力の人を雇うようになります。したがって、就職する前までにその能力を育まなくてはならないのです。

たとえば、チームを作り、「心理的安定性」を協働で得ることを体験させるなど、そうしたことの方が学校教育として重要になってくるのです。

起業しようとする人は「あの人の所だったら、勤めて安心」と思われる振る舞いを学校でする必要があります。同時に、「あの人にうちで働いて欲しい」と見極める場合もあります。

# ヒトの能力と社会の変化

## キャリアアップし続けること

**多くの未来予想で一致しているのは、今後、社会の変化は激しいので、就職した時の能力で一生涯勝負するのは難しいということです。**一生涯、その時々に必要とされる能力を獲得し続け、自分を社会に売り込み続けることが必要だとしています。そのとおりだと思います。

私は上越教育大学に教育工学の専門家として採用されました。

当時の私は、ＩＣチップ（ボードではないですよ）でコンピュータや、各種の機器をつなぐ機器（インターフェイス）をハンダゴテで組み立てていました。そして、それを動かす機械語やアセンブラを駆使し、教育工学関係の業績を上げていました。それがポイントで上越教育大学に採用されました。

ところが、そのような能力はいまでは不要です。いまは、私が苦労してやってきたことを素人でも簡単にできるサービスや機器があるからです。では、現在私が何で勝負しているかといえば、理論水準や技術・交渉力において、なまじっかな専門家では手出しができないレベルの専門性で勝負しています。

今後このように、社会に評価される能力は、二極化の方向性になるでしょう。第一は、誰にでも扱えるサービスが用意された分野、第二は、超専門家でないと手出しをできない分野です。

子ども達も中年になり、老年になっていきます。子ども達の世代は70歳になっても働かなければならない時代です。そのような年齢で超専門家になることは不可能です。どうしたらいいのでしょうか？

## ヒトは集団で生き残る

『ワーク・シフト』を書いたリンダ・グラットンはＡＩの秘書によって乗り越えよ

うとしています。

それは先の第一の方向性の具体的な姿です。

でも、それだけでは生き残れません。

それに、みなさんの教え子をイメージしてください。ＡＩの秘書を使いこなせない子どもはいませんか？　いまだってスマートフォンを使いこなせない人もいます。

そういう人は、どうしたらいいでしょうか。

ご安心ください。全ての人がキャリアアップのための能力を更新をしなくていいのです。その人の繋がっている人の誰かができるようになればいいのです。その人と繋がっていれば、繋がっている人も能力更新が計られるのです。

具体的には、「これこれに悩んでいるけど、どうしたらいいの？」と聞ける人と繋がっていればよいのです。これが全ての人が実現可能な能力更新の姿です。

これは、いまでもやっていることですよね。結局、どんなに世界が変わってもホモサピエンスはホモサピエンスなのです。年をとると記憶力が落ちて、新たなものを学習することが困難になるという「ハードウェア」は同じです。

**そして、人は集団で生き残るという基本ＯＳも同じです。好むと、好まざるとに関**

**わらず、そのハードウェア、基本ＯＳで生きていくしかないのです。**

安心してください。

つまり、変化の激しい時代では、常に能力更新は必要です。でも、それは、ホモサピエンスが数百万年前からやっていたことでいいのです。というより、それ以外の方法では我々のハードウェア・基本ＯＳが受け入れられないのです。

# 学校が激減し、教員の働き方も変わる

## 学校数や教員数のバランスがとれなくなる

私は、中等教育がもっとジョブ型にシフトすることを強く願っています。しかし、そうするならば、画一的な内容の学習指導要領では成り立ちません。職業高校も工業、商業、農業のような大括りでは多様な変動する仕事への即戦力の生徒を育てることはできません。ではどうしたらいいでしょうか?

医学部の教育は医師国家試験によって決められています。それと同じように一定の国家資格を取得することを求めるのです。たとえば自動車整備士を目指す高校の場合、自動車整備士国家試験の2級取得を卒業の要件として縛るのです。また、自動車整備士を目指す中学校は3級取得を卒業の要件とします。一方、アカデミックな大学進学を目指す普通科高校は高等学校卒業程度認定試験、普通科中学校は中学校卒業程度認定試験で縛ります。

その一方、まず**単位数の縛りは緩く、それぞれの地域や集まる生徒たちに応じて、各学校の自由裁量を認めることです。新しい学習指導要領で提唱されている「カリキュラムマネジメント」をさらに拡張していくという発想です。**日本の行政は、基本的に「○○をやったか否か」という過程でコントロールしようとしますが、過程ではなく結果でコントロールするのです。

これは教育行政の一大転換とも言えると思います。

中学校・高校で国民がすべからく学ぶべきものは何でしょうか？

おそらく、いままでの国語、数学、理科、社会、英語を基礎・基本と考えるのは順当なところです。それを完全否定するつもりはないですが、その方向ではいつのまにか元の木阿弥になる可能性があります。

ＡＩやロボットが発達したとき、最後まで残るものは何でしょうか？

これまでの著書でも述べてきましたが、それは「仲間」であり、人と繋がる能力です。それとあと2つ、それは、育児と介護です。それらはＡＩやロボットが代わりになることは可能ですが、肉親がする社会が望ましいと私は思います。みなさんはどう思われますか？

東洋大学の根本祐二教授は今後の児童数・生徒数と国が示す小中学校の適正規模（小学校６９０人、中学校７２０人、「公立義務教育諸学校の学級編制及び教職員定数の標準に関する法律」第３条、および「学校教育法施行規則」第41条をベースにしています）をもとに、30年後の２０５０年頃には小中学校の数がどれぐらいになるかを推計しています（「人口減少時代における地域拠点設定とインフラ整備のあり方に関する考察」東洋大学ＰＰＰ研究センター紀要２０１８年３月）。それによれば、**2050年頃には小学校数は現在の2万校弱がおおよそ6500校に、中学校は現在の1万校弱が約3000校に縮小します。地方はさらに厳しく、島根県、和歌山県、高知県、岩手県では小学校数は現在の1割程度に減少するのです。東京都、大阪府、愛知県でさえ半減します。**これは大規模な統廃合の結果です。これは厳然たる計算に基づく結果なのです。

この結果、校区は広がり、通学時間も10分程度から30分程度に増加します。結果として、地域の核となった小学校を失う地区が激増します。その際、小学校、中学校は積極的な地域の核となる必要性があります。

小学校、中学校、高校には介護施設、幼稚園、保育園を併設し、そこでの子ども達がマンパワーとして活躍し、それも将来に向けての大切な資質として単位化するのです。そこで子ども達は育児と介護を学ぶのです。

それにしても**学校数が3分の1になるならば、学校や教員の働き方がいまのままであることはあり得ないことです。想像してください。その時に必要な教員数はどれぐらいですか？　採用計画はどうなりますか？　職場の年齢バランスは？**

地方には1クラス5、6人の小学校、中学校は少なくありません。たとえば、上越市は新潟県第3位の市です。上越市では学年1クラス、全校で200人レベルの学校は中規模校です。一番大きい小学校は児童数809名、教職員数52名（養護教諭、講師を含む）で、一番小さい小学校は児童数30名で教職員数7名です（2017（平成29）年度）。ちなみに、先に述べた適正規模の小学校690人と2017年度の上越市の児童数から単純計算すると14校（現在54校）に集約できることになります。

生育は切れませんので、当面は少人数指導で対応しますが、それでは間に合いません。当然、急激に採用を減らすことになります。そうなると、いまの大量退職に合わせた大量採用が終わった後はほとんど採用せず、退職による自然減少を待つことになります。

さて、2つ考えてください。第一は、そのようないびつな年齢バランスの職員室がいまから数十年続くのです。どうなると思いますか？　次に、退職者による自然減少では統廃合により生じる過剰な教職員はどうなるでしょうか？　当然、統廃合の速度を鈍化させるでしょう。しかし、日本の財政はそれを許してくれるでしょうか？　許してくれなかったら何が起こるでしょうか？

## 教育内容を絞り込む

中学校、高校の教育内容を職業教育型に激変させるためには、小学校までに学ぶものを厳選しなければなりません。

また、先に述べたように、そもそも中学校、高校で学ぶものに対して日本国民である保護者、そして教師も、すべからく学ぶべきとは考えていません。

一つの提案です。たとえば30歳の国民に対して、現状の高校までに学ぶものをテストするのです。もし、その後の社会生活、家庭生活に役立つものであるならば残っているはずです。正解者が5割を切るものをカットするというのはいかがでしょうか？おそらく、小学校で学びきれる分量に圧縮できると思います。

こんな事実があります。成人の方たちに、義務教育段階で学ぶ極めて一般常識的な内容、たとえば「地球が固定されて天体が回っているのではなく、地球が回っているから天体が回って見える」というレベルの問題を解いてもらいます。ＰＩＳＡ試験で我が国の中学生は世界でトップクラスですが、では成人ではどうか、ご存知ですか？何と下から数えてという順位なのです。日本人は、「受験が終わると身につけた（はずの）知識が剥落する」と評価されています。それでも社会は動いていますよね。

しかし、「覚えていなくても、実生活、家庭生活に役立つものだってある」「教養として必要だ」という意見もあるでしょう。たしかにそのとおりですが、それは現状の学び方とその結果も含めて、余裕があるならば行う、ということです。これからの日本は厳しい社会です。その中で子ども達は50年以上働かなければなりません。社会は多様で柔軟な能力と、学び続けてやり抜く力を求めています。

そのような余裕は子ども達にはありません。

# 持続可能なコミュニティづくりのために

## 家族のサバイバル

**先に紹介した総務省の就業構造基本調査によれば子ども達の約４割は初職に就く時に非正規雇用になります。国税庁の民間給与実態統計調査（２０１６（平成28）年）によれば非正規雇用の平均年収は１７２万円です。**

この中で相対的に豊かに生活する方法は夫婦になり、夫婦共稼ぎになるしかありません。夫婦共稼ぎになれば単純計算で３４４万円の収入になります。その一方、食費や住宅費などは2倍にならないからです。さらに言えば、老後も夫婦で生活し、２人の年金で生活するしかありません。収入が低いから結婚できないという世の中から、結婚しなければ生きていけない時代に変わりつつあるのです。

夫婦共稼ぎで最も大変になるのは子育てです。保育園等の施設を利用しようとしても保育料は高額です。それを乗り越えるには祖父母の協力が必要です。

いままでは夫の父母、妻の父母のどちらかに頼っていました。しかし、それは成り立ちません。なぜなら、今後の祖父母は70歳まで働いており、悠々自適の生活ではありません。一方の祖父母に全てを頼ることは不可能なのです。夫婦と4人の祖父母で一緒に子育ての負担を分け合うしかありません。

その父母が20キロメートル離れたところに住んでいたとします。その父母に「ねえ、忙しいから迎えに行って」と言えるでしょうか？　言えません。つまり、夫婦の父母が両方とも中学校区程度の範囲に住んでいることが望ましいのです。これを成り立たせる方法は、小学校、中学校が健全な男女の出会いの場になることです。

## 学校をコミュニティづくりのインフラに

「学校が男女の出会いの場になるべき」と述べれば、「え？」と思われると思います。

内閣府の「少子化と夫婦の生活環境に関する意識調査」（2012年）によれば、結婚相手と知り合ったきっかけは「社会人になってからの仕事関係」が約3割、「友人などの紹介」が2割、「高校・大学時代の学校」が1割と上位を占めています。それに対して「中学校以前の友人」は数パーセントに過ぎません。しかし、今後の社会を考えたならば、地元企業に就職後に中学校以前の友人が仕事関係での出会いに繋がり、中学校以前の友人の紹介に繋がることが望ましいと思います。

最近、同級生結婚や共稼ぎを希望する傾向が見られます。国立社会保障・人口問題研究所の出生動向基本調査（2015年）によれば、独身男性が希望する結婚相手との年齢差は同い年が最も多く4割強です。1～2年下（つまり中学校だったら後輩程度）を含めれば6割弱になります。女性の場合は同い年は3割弱で、1～2歳年上を含めれば6割弱です。

また、専業主婦を希望する女性は1992年の調査では4割だったのに対して、いまは1割程度に落ちています。結婚し子どもを持つが、結婚あるいは出産の機会にいったん退職し、子育て後に再び仕事を持つという再就職を希望する女性は4割から3割に減少しているのに、結婚し子どもを持つが、仕事も一生続けることを希望する女性は2割弱から3割弱に増加しています。いずれにせよ共稼ぎを希望している女性は確実に増えています。

さて、就職してから結婚相手として小中学校の同級生・先輩・後輩を考えられるためには学校教育はどうあるべきでしょうか？　小学校高学年頃から男女が別々のグループになって関わらない現状ではだめなことは当然ですね。

小学校高学年になると男女が別々になるのはなぜでしょう？　実は相手を意識し、関わりたい気持ちの高まりの結果です。本当は関わりたいのです。だからといって、教師が一緒に学びなさいと求めても関わらないでしょう。強制的にグループにしてもグループ内で分かれます。

私は教科学習で協働的場面を設け「全員が分かるようになりなさい」と求めるべきだと思います。子どもにとっても、「仲よくしよう」とは言いづらくとも、「ここ教えて」「教えてあげるよ」ははるかに言い出しやすいと思います。

COLUMN

# 子どものために、自分のために

かなり刺激的な未来予測だったと思います。しかし冷静に考えてください。日本の人口は激減し、高齢者が増えます。おそらく、私が若い頃に経験した好景気はもう二度と来ないでしょう。収入は下がります。そんな時代を子ども達は生きるのです。いや、我々教師も生きるのです。

ならば、少しでも早く「これから起こすべきこと」に取りかかりましょう。早く取りかかるほど苦しむ子どもは少なくなります。当然、保守的な人の反発は起こるでしょう。私の提案しているようなことをやろうとすれば、中間層の人達も懐疑的になってしまうでしょう。だから上手くやりましょう。

# 第3章

# 生き残れる教師になるために

# 未来をつくりだす教師になる

## 今までの教師から変わる転換期

ここまで読まれて本書の最初に書いたことの意味がお分かりになったと思います。そして、第2章で書いたことを実現できないならば、子ども達の未来は厳しいものになります。そしてほかならない我々の未来も厳しいものになります。

前に述べたように、学校教育と教師は保護者や子ども達から見捨てられてしまいます。もちろん、いますぐに、全てのことができるとは思いません。しかし、いまからでもできることはあります。

これも前に述べたように、人には革新的な人と保守的な人と中間層の人がいます。本書を買って手に取っている「あなた」は革新的な人で身銭を払ってでも学ぼうとする人です。是非、みなさんが最初の一歩を踏み出してください。そこで結果を出しましょう。

しかし、どうしたらいいでしょうか？　**いままでの教師のままでは新たな時代を切り開くことはできません。いままでとは違った職能を持ち、それを武器に時代を切り開く必要性があります。**

本章では、まず、現在のさまざまな情報から予想できる「将来の学校の姿」「将来の教師の仕事の様子」について書いてみます。もちろん、このとおりになるとは限りませんが、みなさんが最初の一歩を踏み出すための具体的なイメージを持てると思います。

また、第4章では、みなさんが最初の一歩を踏み出し、結果を出すために必要なスキルを述べます。

# 未来の学校・子どもたちの生活

## 教師の採用と管理システム

未来の学校では、現在の公立の小学校、中学校、高校（以降、公立学校）は、私立学校のように一つひとつが独立した法人組織になります。ただ、都道府県の行政管理を受け、公的資金が配分される学校と、現在の私立学校に分かれます。大部分の子どもは前者で学びます。ここでは前者を公立学校と呼びます。小学校、中学校の公立学校は希望者を基本的に入学させます。ただし、施設等の理由から上限を設ける場合は、学校からの距離によって優先順位を決めます。

公立学校は学校評議委員会によって管理されます。委員は都道府県から派遣される委員と地域の代表の委員によって構成されます。定期的に開かれ、校長の報告を聞き、適否を判断します。事務手続は都道府県で一元管理されます。各種手続はインターネットによって行われているので、いわゆる事務職員は学校にいません。

公立学校の教師は学校と雇用契約を結びます。学校は必要となる教師を公募します。その際に、教員免許状のほかに、資格等条件を付けることができます。免許状の取得の際に、いままでの教職課程と違う新たな理論や演習・実習が入ることになるでしょうが、これからの教育に必要な資質をどれだけ有しているかを問われることは間違いありません。採用及び契約更新は校長及び学校評議会が決めます。雇用契約は1年ごとですが、基本的に契約更新されます。なぜなら、それをしていない学校には教員希望者はいなくなるからです。後に説明しますが、教員の大事な仕事は地域との調整です。

したがって、その地域を熟知した教師が必要なので、連続しての契約更新となります。このため、家を建てるなどの人生設計を立てやすくなります。遠距離通勤を強いられることもありません。

## 採用および契約更新の条件

公立学校では、採用・再雇用の際に、勤務に関わる詳細が定められます。教師の仕事の範囲は、学校校地内、勤務時間内であることが明記されています。学校校地外、勤務時間外は保護者・地域が責任を持ちます。教師の仕事は子どもの学習に直接関わるものと限定されます。部活指導は行いません。運動会、体育祭、文化祭、修学旅行等の各種の行事は行いません。ただし、地域が判断した場合、授業日以外に地域主催で行われることもあります。

採用・再雇用の際に、全国学力テストの成績、各種の資格（たとえば英検）の取得などの成果を出すことを条件として求められることがあります。3年以内にそれが達成できない場合、契約更新が不可能となります。

学校の予算は基本的に児童数・生徒数に基づき配分されます。学校を運営するには児童数・生徒数の確保が必要です。また、別予算の獲得、ボランティアの獲得が必要です。校長が採用・再雇用される際に、これらの条件を求められます。校長はこの基準を満たすために必要な条件を学校評議会と交渉します。先に述べた教師の採用条件は、校長の出す条件によって定められます。

教師および校長の実績は公開されます。それに基づき、給与等の条件のよい学校に転職することは一般化します。これを読んでいる方はビックリするかもしれません。**しかし、終身雇用でない国（つまり日本以外）では普通に行われていることで、日本でも私立学校では行われていることです。**民間で終身雇用が崩れているのです。教師の雇用と求められる能力は変わらざるを得ません。

## 変わる校舎と学区

公立学校の経営を成り立たせるためには、一定以上の規模が必要です。したがって小規模校は集約されます。子ども達は地域で用意したバスを利用し、広域から通学します。子ども達は現在のスマートフォンより進化した端末を持ちます。それによって子ども達は各種の手続を行い、位置情報が管理されます。ただし、バーチャルリアリティにより自宅学習も可能となり、必ずしも物理的に毎日、登校する必要はありません。また、常に全員が登校しているわけでないので巨大な施設は必要ありません。

公立学校は、保育園、幼稚園、介護施設、公民館の機能が複合した施設です。したがって、これらに関係する資格をあわせ持つ教師は就職に有利になります。

## 学習の自由度が高まる

小学校の場合は学ぶべき内容が定められ、それに準拠した教科書（電子版）はあります。しかし、それで授業をした時間で縛っている現在と異なり、それに基づく全国学力試験で合格することが求められます。つまり、「やった／やらない」ではなく、結果として達成したか、否かが確認されます。「高等学校卒業程度認定試験」の小学校版ができたと考えてください。2ヶ月ごとに全国学力試験の実技試験が行われます。5教科のペーパーテストはインターネットを介して実施され、基本的にいつでも受験できます。

中学校、高校には学ぶべき内容は定められていません。子ども達の希望する進路に必要な資格を取ることが中心となります。

これによって学習の自由度が高まります。能力の高い子どもは、自分の興味関心に従って学習を進めることができます。たとえば、数学の能力の高い子どもは、小学校から大学レベルの学習をすることができます。

## 進路選択はドラスティックに

企業は同時一括採用をしなくなります。募集の必要が生じたとき、採用条件を明示し公募します。これは地元の中小企業も同じです。中学・高校の子ども達は自分の就職したい職種で必要となる資格を調べ、それを取得するための勉強をします。ある企業が中卒で複数の資格や必要な能力を持つ人を公募したとします。その企業にいま就職する方が有利だと判断できれば、この場合、高校を中退して就職することは一般化します。高卒の資格ならば、就職した後に資格試験に合格すれば必要な資格が取得できます。それによってキャリアップすることもできます。

これは大学への進学も同じです。学会ごとにその分野の知識・技能を判断する資格試験を設けるようになります。大学はその資格を応募条件に加えられるのです。

## プロジェクトに参加し、単位を取る

子ども達は全国学力試験、資格取得の他にいくつかのプロジェクトに参加し、単位を取らなければなりません。全国学力試験や各種資格の受験は学校を卒業・中退しても可能ですが、プロジェクトの単位は学校外では取得が困難なので、子ども達は重視します。

プロジェクトは4種類です。

第一は、育児プロジェクトです。これは学校内にある幼稚園・保育園でのボランティア体験です。一定時間以上、ボランティアとして参加し、一定以上の評価を受けなければなりません。これは、小学校、中学校、高校、大学のいずれにおいても必修です。これによって、夫婦ともにいつでも子育てができるように学びます。

第二は、介護プロジェクトです。これは学校内にある介護施設でのボランティア体験です。一定時間以上、ボランティアとして参加し、一定以上の評価を受けなければなりません。これは、小学校、中学校、高校、大学のいずれにおいても必修です。これによって、いつでも家族の介護ができるように学びます。

第三は、就職プロジェクトです。これは自身の進路を決める体験です。半年以上、週1日以上、連携する企業で働きます。これは、小学校、中学校、高校、大学のいずれにおいても必修です。小学校は校区内の企業と連携します。中学校、高校は広域の企業・大学と連携します。連携する企業によって、現在の工業高校、農業高校、商業高校の以上に細分化した内容になります。現在のいわゆる進学校は、大学と研究室レベルで連携します。連携する企業、大学によって人気度が変わることになります。連携した企業や大学は一定の資格を求めることになります。それが各学校の応募要件になります。

「外国人の技能実習の適正な実施及び技能実習生の保護に関する法律」（技能実習法）が２０１７（平成29）年11月に施行されました。その法律がモデルとなります。

第四は、地域課題解決あるいは活性化・魅力化プロジェクトです。これは地域の自治体や議会、青年会議所と連携し、そこで提案することを課題とします。これは選択科目です。

## クラスはチームとなり活動する

公立中学校の子ども達は多学年のクラスに所属します。入学時に所属したクラスが持ち上がります。現状の部活に近いものです。子ども達のプロジェクト活動はこのクラスがチームとなって活動します。新入生は先輩の行動を通して育児・介護を学びます。クラスは子ども達の所属する職業プロジェクトを基にして編成されるので、企業や大学への職業体験もクラスがチームで活動します。

クラスは校長へクラス担任の希望を出し、校長はそれに基づき担任を決めます。

## 子ども達の一日

子ども達は自分自身の進路希望に基づき大まかな計画表を月ごとに作成し、それを教師に提出してチェックを受けます。

子ども達はネット上にアップされているさまざまな授業動画を利用し、自分に合った問題集・参考書を使って勉強します。なお、問題集・参考書もネット上にあります。これらは基本的に無料です。過去10年間の誤答履歴に基づくＡＩによる学習アドバイスを受けることができる有料のサービスもあります。

分からないことがあると、同じクラスの仲間に聞きますが、ほかのクラスの人に聞くことも可能です。もちろんネットを介して他校の子どもに聞くことも可能です。

学校にいる時間は基本的に各自の判断で行動します。プロジェクトの活動はクラスごとに計画を立てて、それに基づいて行動します。

## 大学はジョブ型になる

大学は全てジョブ型になります。大学は必要な事務処理をし、基本的なインフラを提供する場として機能していますが、教育・研究は教授を中心とした研究室が基本単位になっています。各大学は他大学の施設を有料で借り受けることによって日本各地にキャンパスを分散して持ちます。さらにネットを介したバーチャルリアリティによって講義・ゼミに参加することができます。実験等は全国各地の企業の研究所で行うことができます。そのため、教職員、学生は、その大学の近くに住む必要性はありません。自動翻訳が進んでいるので、海外の大学に日本に居ながらにして進学する生徒もいます。

大学の基本単位である研究室を主催する教授は他大学・企業・行政機関と太いパイプを持っています。そのため、どの教授の研究室に所属するかが、就職できるか否かを決定します。

研究室に所属する准教授、講師は教授と雇用契約を結び、大学との直接の雇用関係はありません。教授は准教授や講師の給与を含んだ予算を出し、大学と交渉して予算取りをします。大学は、卒業生の就職、また、卒業後の活躍、外部予算の獲得に基づき、各教授との雇用契約を更新します。したがって、それに貢献できない准教授、講師は解雇され、学生は研究室に所属できません。仮に教授が他大学に異動した場合、所属する学生、准教授、講師は一緒に転学・異動します。

現在のような学術を中心とした大学は残りますが、多くはありません。この大学は、あくまでも研究者養成のためのジョブ型大学です。また、この大学に入学することは高級官僚や一流企業への就職に有利に働くわけではありません。それらを目指したジョブ型大学は別にあります。したがって、学術に特別な才能がある生徒のみが進学し、一般的に人気が集中することはありません。

ただし、リベラルアーツを大事にする大学もあります。しかし、これで成功する大学は多くはありません。

つまり、教授の数だけ多様な大学があり、学生、准教授、講師はそのもとで「結果」を積み上げキャリアアップをします。教授はその「結果」の集積によって生き残るのです。大学は、大きな方針で教授を採用し、評価します。結果によって国や企業や学生から学費や資金を獲得し成り立ちます。

入試は各大学、さまざまです。生徒は種々雑多な資格を高校で取得します。また、基礎的学力を測定する学力試験も存在します。その点数を利用する大学もあります。各大学は、各大学の生き残りの戦略に基づき重み付けをします。それを公開するのです。その結果に基づき受験生の足切りをします。その中でeポートフォリオに基づく調査書と面接で選抜します。

## 地元企業と連携する高校

基本的に大学と同じです。その多くは地元企業と連携した教育を構築します。教員個人ではなく、組織として地元企業と連携したデュアルシステムを構築します。週の半数は地元企業で生徒は働きます。教師は、生徒と地元企業との調整を行います。学習指導要領は内容を縛りません。「地元企業が求める資格を生徒達が取得できる」という結果で評価されます。したがって、その資格を既に取得している中学生を優先的に入学させます。

地元企業を目指すのではなく全国区の就職先を目指し、そのために大学進学を目指す学校も少数あります。いわゆるエリート校です。それらの学校は大学（具体的には教授）と連携しデュアルシステムを構築します。即ち、高校在学中から研究室のゼミに参加します。その中で全国区のエビデンスをeポートフォリオに積み上げます。それらが大学合格の決め手となります。教師は合格のアドバイスを生徒にします。たとえば、数学オリンピック等の全国区のエビデンスを積み上げられる指導を行います。

## 一人ひとり学ぶことが違う中学校

いまの中学校と同じく、地元の子ども達が集まって学びます。違うのは、一人ひとりの学ぶべきことが違うということです。教師は一人ひとりの進路希望に基づきアドバイスし、多様な子ども達の集団として維持管理をすることが仕事です。地元企業への就職を希望し、そのための高校に進学することを希望する子どもの場合は、中学で週1日程度は地元企業で働くデュアルシステムで学びます。

学習内容の縛りはなく、各人が多様な高校に進学できる資格を取得することが求められます。子ども達は、それぞれの志望キャリアに基づき多様な学習を続けますが、同時に、互いが仲間であると感じられる関係を保てるよう教師は関わります。

小学校、中学校、高校、大学のいずれも、現在の校内の試験はありません。評価は常に学校外が行います。学校・教師はそれをサポートするのが仕事です。

# 未来の学校の担任教師

## 「教える」ことは求められない

**ここまでに述べた未来の学校では、求められる教師の職能が全く違うことに気づかれたと思います。**

**教科内容を「教える」ことを求められないのです。**

現在でも、かなりの力量のある教師の授業動画がインターネットで視聴できます。中にはチームで教材研究をしているものもあります。子ども達は自分に合った教師を選択することができるのです。分からないことがあると動画を止めて戻し、何度でも繰り返し視聴するのです。このような動画に現状の一斉指導が勝る点はありません。

では、未来の学校の教師にはどのような能力が必要でしょうか?

# 未来の教師の一日

教師が学校に到着するのは朝の8時です。朝の学活はありません。必要なことはクラス全員に電子メールで伝えています。クラスや子どもの報告は電子メールで受けています。教師の朝一番の仕事は子ども達からの報告が滞りなく集まっているかのチェックです。何か問題があった場合、個人ではなくクラス全員に電子メールを送り問題解決を促します。その後、以下にあげるような仕事を順不同で解決します。

予算獲得のための申請書の作成、獲得した予算の報告書の作成をします。予算の1割は学校の収入に組み込まれます。担任するクラスのプロジェクト活動は獲得した予算によって運営されます。その成果を報告するのです。

プロジェクト活動で連携する施設・企業・大学との調整を行います。直接会って話し合うことも多く、スケジュールや内容の調整を行います。

子ども達の全国学力試験の結果分析、獲得した能力の分析を行います。それをもとに子ども達から月ごとに提出される学習計画を評価します。各企業・大学がどのような人材を求めているか情報収集し、それによって各人にアドバイスします。

毎日、1時間程度のオフィスタイムを設け6、7人の生徒と面談をします。個人面談としないのは理由があります。第一に、個人面談だと教師に甘える子どもがいるからです。異学年の複数の子どもと面談すれば、過剰な甘えは回避できるからです。なお、学校には個人的な悩み専門のアドバイザーが別にいます。担任は学習面での担任に特化しています。個人面談としない理由の第二は、教師の話す言葉を理解できないことがあっても、その場に別な子どもが同席していれば、教師の言葉を通訳してくれるからです。

以上の教育活動をネット上で全世界に情報発信します。個人情報に注意をした上で、学校での教育活動を発信することは奨励されています。なぜなら、それによってその学校に入学することを希望する児童・生徒が増えるからです。同時に、情報発信力の高い教師は転職の際に有利に働きます。

教師の退勤時間はおおよそ4時です。ただし決まっていません。クラスの子どもが学校にいる間は拘束されていますが、それ以外は拘束されません。たとえば、クラスの子どもがプロジェクトで校外にいるならば、学校に勤務しなくてもよいのです。教師に求められているのは、学校にいる時間ではなく、結果として出す成果なのです。

## 非常勤が多い大学教員

みなさんは大学の教師をどう思いますか?

非常に自由度の高い職業です。たとえば、私の勤める上越教育大学は「裁量勤務制」という制度で労務管理をしています。裁量勤務制とは勤務地にいるならば勤務の仕方は本人の裁量で判断してよく、自動的に週40時間勤務していると判断されるのです。私は大学の公務員宿舎に住んでいますが、家内いわく、一日中、車の動かない（つまり学校に勤務していない）人がいるそうです。

大学教師もさまざまな書類を書かねばなりません。しかし、小中高の教師に比べたら天と地ほどの差があります。なにしろ、給食費を集めなくてよいのです。子どもの保護者と接する機会はほとんどなく、したがって、モンスターペアレントに悩まされることもありません。

天国ですね。

ところが別の一面があります。大学教師は助教で採用され、講師、准教授、教授に昇任します。その職階によって給与体系は異なります。私は教授に昇任して2年で准教授のもらえる給与の最高額以上をもらえました。その昇任は研究業績で厳しく評価されます。結果として、助教で退職する人もいます。

学生の指導教員選びは学生の希望に基づいています。そのため、人数の多い研究室もあれば少ない研究室もあります。

大学教員のかなりの部分は非常勤講師で占められています。私立大学の場合、半数に及ぶ場合もあります。非常勤講師は1年ごとに契約更新が行われています。

しかし、その非常勤講師も土日の部活指導は求められていません。給食費の徴収を求められていません。モンスターペアレンツの電話対応もしなくていいのです。

実は、ここで書いた教師の未来は大学教師の現状なのです。そんな「バカな」と思っている方々に申します。我々大学教師は、既にそのように生きているのです。

## どうしたらいいか

このような世界が来るならば、どうしたらよいでしょうか？

新たな世界のよさを十分に享受しましょう。自由度を生かしましょう。自分なりの教師像を描き、追求しましょう。そして、それをアピールし、世に問いましょう。結果として、よりよい収入の道、よりよい待遇・権限を得ることができます。

しかし、厳しい競争の中で勝ち残らなければなりません。そのためには、新たな世界で必要とされるスキルを獲得しなければなりません。それは何でしょうか？

# いまの学校はかぎりなく限界に近い

## 子どもたちが幸せになるには

みなさんは、「そんな風になるわけない」と思うかもしれません。そう思うのは当然です。私がここまでに書いたことは、いまの学校組織が変われる斬新的で現実的な未来ではないのです。子ども達が一生涯幸せになれるための教育はどうあるべきかという視点で書いたのです。

ここで、本書を読んだみなさんに確認します。以下の2点はかなり確かではないでしょうか?

### 1　少子高齢化の日本は不景気になる

その結果として、第一に、民間企業が現状の雇用関係（終身雇用・年功序列）を維持できません。そのため中長期での人材育成を民間企業がせず、即戦力の人材育成を大学・高校に求めます。

第二に税収が減ります。そのため教育予算が圧縮されます。教育予算の多くは教員の人件費です。そのため、雇用条件（終身雇用・年功序列）は現状を維持できません。

## 2　多様な保護者が学校・教員に要求する

全ての保護者は我が子が十分な教育を受けられるよう強く求めます。成績トップの子どもの親はより高度な学習内容を求め、特別な支援を必要とする子どももテストが満点になることを求めます。そして、その他の子どもも。これらに「みなさんが常識的に考えて、実現可能な学校」で対応できますか？

現在の一斉指導型（15分程度の話し合い活動を入れたものも含めて）ではそれらに対応できません。なぜなら、教師の口は1つで、チョークを持つ手も1つですから。一方で、保護者世代がスマートフォンを普通に使い、ネット動画で受験を乗り越えた世代になっていくのです。

## 独立行政法人化の現実味

みなさんは公立学校が独立行政法人になるなんてあり得ない、とお思いだと思います。

では、国鉄、電電公社、専売公社、社会保険庁が民営化・特殊法人化されたとき、どう思いましたか？「税金が無駄に使われない」「不祥事が起こらなくなる」と思いませんでしたか？

そもそも国立大学が独立行政法人になったことをご存じでしたか？おそらくご存じない。国民の大多数は、「現在」、子弟を国立大学で学ばせていない。そして、基本的に大学が残るならば気にしないと思います。驚くなかれ、国立大学の教職員も大きな抵抗なく受け入れました。それは、給与体系・福利厚生が基本的に引き継がれているからです。

小学校、中学校、高校の独立行政法人化は、大学よりは国民の抵抗があると思いますが、不可能なほどではありません。特に、私立学校が多い高校の独立法人化は、学費が据え置きになるならば国民の抵抗はほぼ皆無でしょう。そして、小学校・中学校も現状と同じように無料のままだったら国民は気にしません。

一度、独立法人化の話題が出たら、一気に進みます。

## 「教育」は時代によって変わる

現状の授業のやり方は百年以上続いています。いま生きている大人は全員、いまの教育で育っています。そのため、それが当たり前で、妥当だと思い込んでいます。特に教師はそうです。しかし、本当でしょうか？

人類は学習により後天的に獲得する能力によって生き残っている特異な生物です。学習、逆に言えば教育は数百万年前から続いているのです。では、大人の猿人が数十人の子どもの猿人に教えている姿を想像できますか？　無理ですよね。さまざまな年齢の大人の猿人の群れの中で若い猿人は生きる術を学ぶのです。

そこまで昔にさかのぼらなくても結構です。中世の徒弟制では現状のような授業はしません。職員室を思い出してください。そこには学習があり教育があります。しかし、その姿は中世の徒弟制に極めて近いはずです。校長先生が職員に一斉に教えている姿を想像してください。効率的ですか？

実は学校教育も同じです。部活を思い出してください。徒弟制に近いのではないでしょうか？　部活の練習のほとんどの時間、顧問が指導し子どもがそれを聞いている、そんな部活をどう思いますか？

実は、現状の教育は変なのです。近代化に伴うあだ花なのです。

近代になって身分制度が崩れます。その結果、大工の子どもは大工になるとは限りません、商人の子どもが商人になるとは限りません。近代学校教育は、どの職業になるにせよ、その基礎となるものを教えることを目的としています。ところが、どの職業になるにせよ、その基礎となるものを網羅的に持っている人はいませんでした。その結果、師範学校、高等師範学校を設立し「教師」という新たな職業を生み出しました。

当時は学校で教えることを網羅的に教えられるのは教師だけでした。だから、1人対数十人という現状の教育「しか」できなかったのです。当時、本は高く、コピー機はありません。だから、子どもには薄い教科書を配布し、しっかりした本は教師だけが持てます。教師はそれを板書し、子どもたちはそれを写したのです。遣唐使が唐の仏典を写経したのと同じです。

つまり現状の一斉指導や板書・発問は全て、当時の先進国がそれ以外に選択肢がなかったためにしかたなくやったものです。しかし、それが１００年以上続いて、万古不易のものになってしまいました。

しかし、時代は変わりました。

参考書、予備校、塾、インターネットなど学校以外の教育手段が豊富です。大学進学率は５割を超えています。つまり保護者の半数以上は大卒なのです。明治の初めに生じた異常な状態は解消されています。もちろん、学校によっては予備校や塾に行く子がおらず、家庭的に問題を抱えている子どもはいるでしょう。しかし、昔から教師は成績が中もしくは中の下の子に合わせた授業をしています。その程度の授業だったら、同級生に教えられる子どもは４、５人はいるはずです。結果として、徒弟制のように教師が親方で、成績が相対的に上の子どもが先輩のような関係を結べるようになっています。

いまの学校、授業のやり方はもう限界なのです。

# 公務員は解雇されません。でも……

## 追い詰められる教師

ある研修団体で、私は教師として悩んでいる人を本当に救うのは勤めている学校の教員集団であると述べました。それを聞いていたある先生が、小声で「若手を救おうと思うと、自分も死んでしまう。だから、若手が死んでいくのを、可哀想だけどじっと見ているだけ。現場は、それだけ余裕がないんですよ」と自嘲的・悲しげに語ってくれました。これには、本当に衝撃を受けました。その先生は、現場の実践家として高名で、現場で実践研究を真面目にやっている人だったら知らない人はいないほどの人です。実際にお話をしていても、人柄のよさがにじみ出る方です。その方が、そのように語るのを聞き、顔には出さないようにしていましたが、腰が抜けるほど衝撃を受けました。「あの方でさえ、そうだとは……」と思います。若い人がノウハウ本にすがり、宗教のように活動に参加する気持ちも分かります。悲惨すぎます。

このことを私のブログで紹介しました。それに対してIさんから以下のようなメールをもらいました。

「指導力に問題がある先生はたしかにいると思います。しかし、私がかかわってきた先生方を見ると、それほど悲惨な状況ではないと思います。きっと、周囲がそうさせているだけだと思います。自分で指導力がないと考えて頑張っていた、仲間のS先生も（2次調査の先生）、いまは一人でしっかりと教壇に立ち、立派な先生としてやっています。彼女を支えてきた教師の仲間達もいましたよ！　教師の指導力不足や若年教師、経験年数が少ない教師に対するフォローは大変貧弱なことも事実でしょう。初任者研修が本当に教師を育てる意味で生きているかも疑問です。でも、私の身近にいて、私もいろいろと成長にかかわった先生方はほとんど例外なく、多くの先生方に支えられて立派になっています。若手や指導力不足の教師をフォローして育てると、ベテランも忙しくなりすぎて共倒れになるから見て見ぬふりをすると言う話は、信じがたい話です。たしかに若い世代と仲よくなることはエネルギーを必要とします。でも、その分エネルギーをもらえばいいだけの話です。結構楽しいです。ですから、必ず世話をする人が現れます。困っている先生をそのまま見捨てるような学校は、病んでいます。指導力不足の先生の内、何とかしたいと考えている先生ならば、全く大丈夫のような気がします。というか、周囲の力でなんとでもなると考えます」

まさに、そのとおりです。これをブログで紹介しました。

ところ、これを読んだある方からメールを頂きました。文面は以下のとおりです。

「Iさんが書いていることは、わかるようだけど、私にはわかりません。彼の知っている学校は「病んで」いないのかもしれませんが、私の知っている学校は病んでいます。現実問題として、私はいま、困っている先生を助けずに溺れていくのを見ぬふりしています。「大丈夫?」とは言えることはあっても、一緒に考えたり、相談にのったりする時間はありません。正直言うと、こっちが聴いて欲しい状況です。たまりにたまって教頭に話すと、教頭が私以上に苦しんでいることを知るのでした。とにかく病んでいるんです」

このメールを読んで「う～ん」と唸ってしまいました。この方は、尊敬すべき力量のある教師です。その方であっても、「病んでいる」学校では、学び合えないのです。このような状況では、若手の先生も悲惨ですが、それと繋がることによって救えるはずの中堅の先生も悲惨です。

## 職員室が機能できなくなるとき

総合学習で異学年学習をした場合、グループの学年構成が子ども達の人間関係にどのような影響を与えるかを調査しました※。学年構成によって人間関係は変わります。同学年同士の集団は、一度、意見の相違が起こると、その後はやる子どもとやらない子どもに分かれます。２学年で構成される集団は上学年が下学年をリードする会話になります。その結果、上学年は下学年をお世話することに疲れ、下学年は上学年に抑圧されたという意識を持ちます。ところが、３学年以上で構成される集団は最後まで協働的な会話が続きます。中学年と下学年との会話が中心で、上学年はニコニコ見守っているというスタンスです。これは、構成する学年に関わりません。学年構成が同学年、2学年、3学年以上によって決まります。

これは大人にも当てはまります。年齢バランスがとれている学校は「中堅が考え、若手が走り、ベテランが守る」という集団になります。「学校教員統計調査」の2016（平成28）年度（中間報告）によれば、現在の小学校教員の年齢バランスは40歳から45歳が最も少ないフタコブラクダになっています。中学校教員の場合は35歳から40歳が最も少ないフタコブラクダになっています。

広島大学の山崎博敏教授によれば（文科省有識者会議資料2016年9月）、小学校教師は1979（昭和54）年に約2万3000人採用しましたが、少子化に対応し2000年には約3700人まで採用数が減少しました。中学校では1982年の約1万6000人の採用がピークで、2000年の約2700人が底です。最近の少人数学級・大量退職に対応し採用数を増やしています（2015年で小中学校で約2万3000人）。その結果として職員の年齢構成が2学年化し、職員室の教育力は下がります。そして、小中学校の教員採用は2019年の約2万5000人がピークで2025年には約1万8000人まで下がると予測しています。

つまり、今後もフタコブラクダは繰り返されます。

想像してください。独立行政法人化した公立学校に力量のある中堅教師が異動し、フタコブラクダはより顕著になります。保護者からクレームが来れば1人でもかなりのストレスになります。それが5、6人になり、それを相談する同僚がいなかったらどうなると思いますか？　力のある教員は独立行政法人化した公立学校に異動し、そうでない人は辞職の道を選ぶでしょう。

公務員は容易には解雇されません。でも……。

定年退職や懲戒免職・死亡退職等以外の本人の希望による退職者は全退職者の4割強を占めています（「地方公務員の退職状況等調査」2016年度）。

これが独立行政法人化の悪夢のようなシナリオです。

※　西川純、山田純一（2005・8）「異学年同士が学び合う有効性に関する研究」学校教育研究20、日本学校教育学会、189〜200頁

COLUMN

# 親として考えたら

我が子を持つ人ならば、我が子の担任（教科担任を含む）に不満を持つのは当たり前です。我が子がテストで低い点数を持って帰れば、ムカムカします。ちゃんと教えてくれないのか、と思うでしょう。

親としては子どもの進路のことを考えます。いままでとは違うことは分かっていますが、それを担任に聞いても「主体的・対話的で深い学び」と説明されるだけで、ピンときません。親としては子どもの一生涯の幸せを願っています。

みなさん、お子さんを現状の学校に預けたいですか？　私の述べている「荒唐無稽」な学校に預けたいですか？

みなさんを羨ましく思います。我が子は旧体制の小学校、中学校、高校しか知らずに高校を卒業するのです。

# 第4章

# 未来のために今すべきこと

# 生き残りに必要なスキルを高めるために

## いまからでもできること

前章では、未来の学校や教師像を想定してみました。現在の教師の仕事とは、かなり異なる印象を持たれたことと思います。

学校の先生として、生徒の学習面に対するサポートももちろん行うのですが、それ以上に、さまざまな活動やプロジェクトについてマネジメントを実施したり、個々のプロジェクトについては地域の企業や商店も関係するので、利害関係を調整したり、赤字にならないようにやりくりしたり、新しいプロジェクトを立ち上げるために予算を獲得したり、そのための書類の作成を指示したりと、「経営的な判断」が多く求められるようになります。

このような職能を、全ての教師がいますぐに身につけることは、難しいだろうと思いますが、いまからでもできることを始めるのは、大変有意義なことです。そこで「いまからでもできること」を述べます。

今後の教育で必要とされる職能はいままでとはかなり違います。できるだけ早く獲得しなければなりません。本章ではそれらを紹介します。

この能力があれば、保護者や地域社会との交渉ごとも可能です。

さらに、いち早く情報を収集し、理解し、発信する能力を持ちます。

つまり、本章で書いてあることは今後に役立つばかりではなく、いますぐにでも役立つ能力なのです。

# 持続可能な働き方入門

## 書類作成に時間をかける日本の教員

国民教育文化総合研究所『教職員労働国際比較研究委員会報告書』（２００９（平成21）年）によれば日本の教員の平均的な一日は（起床時間は5時48分。家を出るのは7時11分、通勤時間は25分で、7時36分には学校につく。1時間目の授業は8時18分くらいからになる。授業終了時間が16時3分。学校を出るのはその3時間後の19時2分である。その間に休息をとっているのはたったの20分である。帰宅に要する時間は朝より長くて30分だから自宅には19時32分着で、就寝までの帰宅後の時間は3時間53分、就寝時刻は23時25分となっている。睡眠時間は7時間に満たずに6時間23分である」（注　原文には誤植等があるため、報告書の元データに基づき修正した）。

いかがでしょうか？　これが学校の先生の実情です。**最近、もてはやされているフィンランドの教員の労働時間は６時間16分（日本11時間６分）で睡眠時間は７時間43分（日本６時間23分）です。**

**なぜこのような違いがあるのでしょうか？　それは日本の教員は膨大な書類書きをしなければならないからです。**フィンランドでは月当たりの書類作成は６件弱なのに対して、日本のそれは22件弱と極端に多い状態です。我々はどのように書類と向き合えばいいのでしょうか？

## 速くて正確な書類の書き方

膨大な書類は「ミスがあると大変／ミスがあってもたいしたことない」×「頭を使う／頭を使わない」の４種類に分けられます。

「ミスがあってもたいしたことない、頭を使う」書類があります。たとえば、教育委員会等のアンケートなどがあります。この場合は、迷わないことです。硬貨を投げて決めてもいい。そのようなことを考慮した統計処理がされるだけです。

「ミスがあってもたいしたことない、頭を使わない」書類があります。例を挙げることはできませんが、実はこれがかなり多い。これは、あればいい書類です。とにかく徹底的に頭を使わないことです。

「ミスがあると大変・頭を使わない」書類の場合は、前年度ＯＫだった書類の微調整をするのが安全です。大学教員も毎年同じような書類を書かされます。たとえば、税金の関係で扶養者や保険の確認の書類があります。その場合は昨年のものの日付を変えたものを出します。

以上の3種類が、我々が書かねばならない書類の大部分です。これらは、とにかく渡されたらすぐに処理することです。無意味に時間をかけず、上記のように割り切りましょう。「ミスがあってもたいしたことない、頭を使わない」書類であっても数をためると心的な負担になります。何よりも提出を忘れることになります。

**素晴らしい書類を作成する教師よりも期日を守る教師を事務の方は感謝します。**

## 残りの1種類のさばき方

残念ながら「ミスがあると大変、頭を使う」書類はある程度あります。これを処理するポイントは一人で抱え込まないことです。

たとえば、通知表・指導要録の所見に頭を悩ますことは少なくないと思います。クラスの6、7人だったらスラスラと書けると思いますが、そうでない子もいます。これは子ども達の自己評価を活用することです。自己評価自体も教育的意味を持ちます。

学級通信なども「ミスがあると大変、頭を使う」書類です。何も考えていないと、写真に写っている子どもが特定の子どもに集中したり、ましてや写っていない子がいたりすると大きな問題の種となります。学級通信の場合、事務的連絡は教師が書き、それ以外は子どもに任せることは可能です。デジタルカメラとカラープリンターを与えれば、子ども達は嬉々として作るでしょう。特定の子どもの紹介に集中しないように、「正」の字で数えるなどの最低限のルールは与えておくのです。コンピュータの操作を教える必要はありません。保護者から教えてもらって使えるようになる子どもはいますし、子どもの方が教師よりもはるかに熟達します。そして、子ども達の手作りの学級通信の方が保護者は喜んで読みます。

我々が作成する書類の中には上記のように子どもに任せられるものは少なくありません。ちなみに、私の場合は「人事」などの機密事項に関する書類、「税金」などの私個人に関わる書類以外の多くは、ゼミ生が作成したものをもとに作成しています。私には約30人の秘書がいるようです。

## 「プロ」のボランティアを味方にする

**ドラッカーは非営利組織にとって「報酬ではなく仕事に満足感を見出すプロのボランティアの獲得」が決定的であると述べています。**

私の仲間の事例を紹介しましょう。

学校に岩石園をつくろうとしました。岩石園とは高山植物などの特殊な植物を植えるために岩石を配した庭です。それによって植物・岩石観察をします。ところが、かなりの土木工事になり予算がかかります。

その方は保護者との関係ができており、保護者のオヤジの会の飲み会で、そのことをポロリと喋ったそうです。公共事業が主産業の地域で土建業の保護者が少なくありません。その場で、「俺たちが手伝ってやる」ということになり、あれよあれよという間に超低予算で岩石園ができたそうです。

さて、上記の例もそうですが、保護者との親密な関係を築くために飲み会を利用する場合は少なくありません。しかし、下戸の人もいます。「飲み会」大好きの地域の場合、それにつきあっていたら身体が持ちません。

学習指導要領の答申の最終段階で、「カリキュラム・マネジメント」が突如フォーカスされました。答申では、前からあった、とさらりと書いています。これはＰＤＣＡサイクルのことにほかなりません。**あらたなカリキュラム・マネジメントでは、その他に教科横断的であることと「教育内容と、教育活動に必要な人的・物的資源等を、地域等の外部の資源も含めて活用しながら効果的に組み合わせること」がカリキュラム・マネジメントであると述べています。**

飲み会はカリキュラムではありません。保護者・地域の人々と一緒に教育活動を行うことによって、ボランティアを獲得していくのです。

## 助成金に応募してみよう

子どもがやりたいと思うことを実現したいと思いませんか？　しかし、そのためにはバスを借り上げたり、器具を購入したりしなければなりません。子どもの頑張った成果を形にしたいと思いませんか？　しかし、そのためには印刷代が必要になります。いずれもお金が必要です。しかし、それを「あなた」のポケットマネーから出してはいけません。

インターネットで「助成財団センター」を検索してください。そこを調べると、世の中には教育のためにいろいろとお金を出してくれる団体があることが分かります。また、校長や教頭に聞けば、県・市や共済でも予算があります。また、小中高の教員向けの科学研究費の予算があります。実はそうした助成に応募する人はそれほど多くはないのです。

つまり、応募すれば当たりがよいことを意味します。少なくとも宝くじに当たる確率よりははるかに高いことは確かです。駄目で元々です。とにかく書いて応募しましょう。そのうち書き方に慣れてきます。そして、何度もトライすれば「当たり」ます。そのお金を子どもたちに渡し、「君らに任せる。最高の成果を出せ」と言ったら気持ちがよいとは思いませんか？

予算を獲得するには書類を書いて応募しなければなりません。助成団体はそれらの書類を読んで予算を付けるものを選ぶのです。少なくとも、以下のことを守っているならば、当たる可能性は高くなります。

**予算をもらったらやります、ではなく、予算がなくてもこれだけやった、予算を付けてもらえればこんなことができる、と書きます。助成団体にとって助成金は投資です。投資に見合う成果を求めるのは当然です。既にやったことは投資に見合う成果を得られる可能性が高いことのエビデンスになるのです。**

# 情報発信力を高めるために

## 自分なりのデータベースをつくる

**これからの教師は情報発信能力が必要です。**この能力を鍛える最強のツールは、現在でいえば、ブログ（及びフェイスブック等のＳＮＳ）です。ブログで一番大事なこと、それは「毎日書く」ことです。話題がないときでも、１行でも書き続けることが大事です。書き続けることによって、それなりの文章が書けるようになります。私のゼミ生には、教員採用試験の小論文や面接の練習になると勧めています。

毎日書き続けるために、いろいろな情報のアンテナを高くし続ける必要があります。そして、さまざまな情報を自分の問題として捉え、自分なりの考えを持たなければなりません。これを続けたならば、教員採用試験の小論文や面接の練習になるのは当然ですよね。ブログ内の全文検索の機能があるブログでしたらデータベースにすることができます。数年続ければかなりの量になると思います。それらを整理すると自分なりのネタ本を作ることができます。

ブログ等を使う際に注意すべきことは、インターネットは公的な場だということです。家の中だったら下着のままでうろうろしても結構です。しかし、家の外でその格好で歩き回れば問題になります。

匿名であったとして、何らかの方法で誰のブログであることかは分かります。たとえば、「本日、授業公開がありました」とか「職場では文部科学省の●●という研究テーマを委託され」等の文章で学校やクラスが特定され、そしてあなたが特定されます。したがって、「職場」「子ども」「保護者」を非難することはタブーですし、否定的だと解釈されるような文章もアウトです。どう判断すればよいかと言うと、その当人の前でそれを言えるか否かで判断すればいいと思います。また、「個人情報」にも注意を払うべきです。個人情報に関しては「個人情報の保護に関する法律」があります。その中に、「個人情報」の定義として以下のように書かれています。

「この法律において「個人情報」とは、生存する個人に関する情報であって、当該情報に含まれる氏名、生年月日その他の記述等により特定の個人を識別することができるもの（他の情報と容易に照合することができ、それにより特定の個人を識別することができることとなるものを含む。）をいう。」

したがって、個人を直接特定できるような氏名、生年月日等の記載はアウトです。「Aさん」のような表記にすべきです。なお、鈴木さんをSさん、恵子さんをKさんのようにローマ字表記に対応するような表記は避けるべきです。

たとえば「本日、運動会がありました」ではなく「最近、運動会がありました」に、「新潟県上越市」ではなく「新潟県の某市」や「北陸地方」のように表記します。

しかし、上記は「個人情報の保護に関する法律」の条文にある「容易に」という部分をクリアするためので、どんな表現をしても、最後にはあなたの文章であることは特定されると考えるべきです。そして、否定的な文章を書けば、必ず「その人」に見つかると思うべきです。さらに、「その人」以外の人が、自分のことだと感じることすらあります。非難はもちろん、否定的と判断される記載はアウトです。

**大事なことは、何のための発信なのか、読み手に何を伝えたいのか、そこをしっかりと意識することです。**

# これからの教師・学校のあり方

## 学校のステークホルダー（利害関係者）を把握する

　ドラッカーは『非営利組織の経営』において「非営利機関と企業との基本的な違いの一つは、非営利機関の方が、決定的に重要な関係者をずっと多く抱えているということである。巨大企業は別として、普通の企業にとっては、関係者はごく少なく、従業員、顧客、株主、それだけである。しかし、非営利機関は、きわめて多岐にわたる利害関係者をもっているだけでなく、そのそれぞれとの関係を確立していかなければならない。」と述べています。

　これは学校における校長ばかりではなく、クラスにおける担任も同じです。クラスにおける顧客である子ども・保護者は多種多様の利害関係を持っており、互いに利害が対立する場合もあります。

民間で成功した人を校長に据えることによって民間の経営感覚を学校に取り入れようとする試みは全国で行われました。優れた成果を上げた人もいますが、成果を上げられなかったり不祥事を起こしたりして辞任する例は少なくありません。これは「民間企業の経営に比べて学校の経営は劣っている」という誤解があるからです。たしかに公教育の場合は倒産がないため目立ちませんが、経営感覚の有無は決定的な差を生み出します。ドラッカーの述べたように学校・クラスのような非営利組織の経営は民間より、はるかに難しい側面を持っているのです。

## 具体的な行動目標が必要

**先に述べたように学校・クラスには多種多様な利害関係者がいます。その一人ひとりの利害に合致するように調整するならば、モグラたたき状態に陥ります。なぜなら、利害関係者は相互に関係し、利害相反する場合が少なくありません。**そのような多様な利害関係者の利害を調整するにはどうしたらいいでしょうか?

ドラッカーは『非営利組織の経営』において「非営利機関は、人と社会の変革を目的としている。したがって、まず取り上げなければならないのは、いかなる使命を非営利機関は果たしうるか、いかなる使命は果たしえないか、そして、その使命をどのように定めるかという問題である。(中略)非営利機関の役員からよく尋ねられるのは、リーダーとしての要件は何かということである。(中略)リーダーのカリスマ性は重要ではない。リーダーの使命が重要なのである。したがって、リーダーとして真先になすべきは、よくよく考え抜いて、自らのあずかる機関が果たすべき使命を定めることである。」と述べています。民間の経営において、コリンズはビジョナリーカンパニーにおいて同様のことを述べています。

ドラッカーは「具体的な行動目標を設定すべし」と述べています。そして「最も犯しがちな過ちは、立派な意図をたくさん盛り込んで使命としてしまうことである。使命は簡潔、明瞭でなければならない。新たな任務を取り入れるのであれば、古い任務は脇にのけるか、やめなければならない。」と述べています。私は各学校のグランドデザインを見る度に、このことを思い出します。

## 教師に求められるコンプライアンス

２０１７（平成29）年の学習指導要領の改訂では、「カリキュラム・マネジメント」が重要なものとして位置づけられました。カリキュラム・マネジメントは、ある意味、現場への権限移譲です。英語教育の時間の増大や、アクティブ・ラーニングへの対応など、膨大な授業時間数の増大、教師の仕事量の増大を前提に、「そのマネジメントは各学校に任せるからうまくやってください」ということがカリキュラム・マネジメントです。

**これから教師の働き方改革など、さまざまな改革は行われますが、実際に現場で何をどうするかは、ますます現場の責任に任されていきます。そうしたときに、全てを前例どおりにすることは無理です。全てを前例どおりに行い、新しいことまで引き受けたとしたら、過労死する教員が続出してしまいます。**

それを阻止するには、学校の管理職が、法を適切に理解し、解釈し、本当に現場に必要なことだけを行うような仕事の絞り方や、目標の設定、学校の運営ができるかどうかだけでは足りません。あなた自身も、具体的で法にかなった提言ができるかどうかが、あなた自身と同僚を守れるかどうかにかかってくるのです。また、そのことが、あなた自身の教え子が新しい社会に対応するための学習の補助にも繋がるのです。

私が若い頃の話です。ある学会のシンポジウムに文部省（当時）の教科調査官が来て、新しい学習指導要領の説明をしました。その際、ある先生が学習指導要領のここが悪い、あそこが悪い、だから、私は学習指導要領を無視して、こう教えていると言い始めたのです。はっきり言って喧嘩をふっかけているのです。若い私はドキドキしながら聞いていました。その教科調査官は、やんわりとあなたが教えていることが正しいという根拠は何かを問いました。問いを重ねた結果、その人がそう教えているのは、同僚や校長や保護者や子どもと無関係に、その人が、そう思ってやっていることを浮き彫りにしました。

学習指導要領を無視して、その人が思うとおりに他人の子どもに教えてよいのはなぜかと教科調査官は問いました。その人は「自分は教師だから」と言ったのです。そこで、教科調査官は、その人が教師であるという身分を持っているのは、地方公務員法や教育公務員特例法などの法に基礎があり、それがなければ単なる物知りおじさんに過ぎないことを指摘しました。そして、教師が一定の「法」に基づくプロセスによって決まった学習指導要領を否定すれば、教師であることを自己否定することを明らかにしました。

明らかにその人の負けです。私は学習指導要領が、神の啓示のごとく正しいとは思っていません。しかし、学習指導要領は法に基づく手続によって定められたものであり、個々人や個々の組織の思いつきで、それを無視することは許されません。

我々は他人の子どもを教えているのです。保護者から「なぜ？」と問われたならば、法に沿って答えなければなりません。法に書かれていないことを他人の子どもに強いたのならば、それを説明できるだけの根拠を持たねばなりません。つまり「だって、当たり前でしょ」とか、「みんなやっていることでしょ」では駄目なのです。

ある研修会で小学校6年生の学習で学ぶ江戸時代の人物の名前を暗記するための言葉遊びが紹介されていました。有名人の名前がリズムよく並べられて、これだったら子どもたちも楽しく覚えられるなと思い感心して聞いていました。ところが「シャクシャイン」という名前が出てきました。江戸時代の松前藩に蜂起した戦いを指導したアイヌの首長の名前です。ところが、何度も聞いているうちに、大事な人の名前が抜けていることに気づきました。
小学校6年生の学習指導要領（http://www.mext.go.jp/a_menu/shotou/new-cs/youryou/syo/sya.htm）には絶対に教えなければならない人名として、卑弥呼から野口英世まで42名の名前が明記されています。これらを省略してはダメです。

## 教師の裁量権とは

**学習指導要領が改訂されるため「○○が教えられなくなった」という意見が教科教育に関わる学会から出されます。でも、本当は教えられるのです。**

学習指導要領を実際に読めば分かることですが、非常に簡単な記述です。その記述に反することは教えてはいけませんが、反してなければ、そこに書いていないことを教えてもOKです。教えなさいと記述されていることは教えなければなりません。しかし、一教えるか、十教えるか、百教えるかは教師の裁量権です（校長の同意の下です）。

私の大学院の指導教官は文部省（当時）の教科調査官でした。その先生から教えられたことです。「日本の文部行政は、日本の教員が優秀であることを前提としている」とおっしゃっていました。

何をどの程度教えるかを決めているのは学習指導要領です。ところが、多くの教師は教科書、教師用指導書だと誤解しています。たとえば、以下のようなことを実際に経験しました。

小学校4年の算数教科書には、唐突に「そろばん」のページがありました。ある先生は「そろばん」について1時間かけて授業をされました。なんか無駄だな～と思って担当の先生に聞いたのですが、その学習が5年、6年の学習に必ずしも繋がらないと言っていました。学習指導要領を読むと、4年に関しては「そろばんを用いて、加法及び減法の計算ができるようにする。」とだけありました。だから教科書には唐突にページがあったのです。そして、その後を調べると6年生には「そろばんや具体物などの教具を適宜用いて」と書かれています。つまり、「そろばん」を使わなくてもよいのです。だから教科書になかったのです。4年の先生に「学習指導要領に教えなさいと書かれていることは教えなければなりません。一方、教えてはいけませんということは教えてはいけません。**しかし、教えなければならないものを十やるか百やる**

**かは教師の裁量です。教えてはいけないというもの以外を教えるのも教師の裁量です。**

だから、そろばんに1時間使わなくてもよかったのではないでしょうか?」と申し上げました。しかし、教科書にあるから教えるとおっしゃっていました。

先に述べたように、我々は学習指導要領に従えばよいのです。学習指導要領に従えば、教師がそろばんを子ども達の前に見せ、パチパチと動かして、「これで計算ができる」と5分間程度教えれば十分なのです。

## 法規を学んでできることを理解する

小学校、中学校、高校で複数学年の3つのクラスを合同で教えたならば、教師の持ち時間は3分の1になります。もっと多くの学年・クラスを合同で教えれば、持ち時間はもっと小さくなります。実はこれは合法なのです。

法で定めているのは児童数、生徒数から必要とする教員数を算定する根拠となる数が学級当たりの標準人数なのです。それ以上で授業をしてはいけないとは書いてありません。さらに、異学年も許されています。「公立義務教育諸学校の学級編制及び教職員定数の標準に関する法律」（標準法）には学級編制に関して教育委員会の同意が必要とされていますが、校長が積極的意義を説明できればよいのです。

ちょっと信じられないかもしれませんが、教育法規の研究者、県の行政担当ＯＢに確認しました。県の担当者ＯＢからは「行政からは何か言われるけど校長が教育上の意味をちゃんと語れるならば大丈夫だろう。最悪、加配はいらないですね、と言われるかもね」と言われました。

そして、何よりも私はそのような教育を研究・普及するために、文部科学省から３年間で３０００万円の予算をいただきました。

前章でかなり大胆な提案をしました。「無理」と思われるのが当然です。しかし、現行法・現学習指導要領の範囲内であっても可能なことはかなりあります。是非、法をちゃんと読んでください。多くの教師の場合、教頭試験の時に初めて法規を勉強します。しかし、それを教諭の時代からすべきなのです。そして、解釈してください。

**法に反することはダメですが、それ以外はＯＫなのです。そして、量的規定がない場合、一やるか、十やるか、百やるかは裁量権です。**

## 思いを実現するには政治も必要

みなさんは「本書で書いているようなことは自分とは関係ない、もっと偉い人がやることだ」と思っていませんか？

違います。

私は上越教育大学に30年以上勤めて、学部学生のみならず、30歳代、40歳代の現職派遣院生を教えています。私が最初に教えた院生の中には70歳代の人もいました。その中には県教育行政のトップに就いた方もおられます（自宅との送り迎えは公用車です）。かなり前に、その方と2人で呑んだとき、「トップなんだから何でもできますね」と申しましたら、首を振って「何もできない」と仰っていました。

県教育行政のトップの人が何もできないなんて信じられないと思います。しかし、事実なのです。県教育長、県教育次長が何かを考えても、それを具現化するのは課長です。もし、その課長が反対しなくても、県教育長、県教育次長の思いの2割引で参事、副参事に指示を与え、参事、副参事が2割引で指導主事や校長に伝え、指導主事や校長が2割引で教務主任等に伝え、教務主任等が2割引で教諭に伝えたらどうなりますか？

県教育長、県教育次長の思いが実現するには、同じ志、願いを持つ、課長、参事、副参事、指導主事、校長、主任、教諭が必要なのです。逆に言えば、教諭であっても県教育長、県教育次長と同じ志、願いを持ち、ネットワークを持つならば、県教育長、県教育次長と同じ影響力を持つことが可能です。

## 出世するためには

私の大学院での指導教員は小林学先生です。本当に優しくて素晴らしい先生でした。東京都の高校の教師でしたが、若くして指導主事に抜擢され、そして、文部省（当時）の教科調査官になり、筑波大学の教授になられました。私が東京都から合格通知を受けた後、その小林先生にどうやったら出世できるかを聞いたことがあります。その時、小林先生が笑いながら話してくれたことです。

小林先生は私に、「採用されれば、いろいろな研修団体の会に参加すると思うよ。

その会に出席して受け付けをしたとき、何をする?」と聞かれました。ま、名簿に名前を書いて、会場に誘導します。しかし、それでは駄目だそうです。小林先生いわく、受付の人に「何か手伝うことはないですか?」と聞くことだそうです。おそらく、最初は断られるでしょう。でも、二、三度申し出ると、仕事を用意して待ってくれます。そして、終われば、打ち上げに参加します。そうすると、いままで出会えない人と会うことができる。情報が広がり、より高度な仕事が与えられる……。

大学の教員は20代の若手の頃から、大校長の飲み会に参加することができます。利害関係がほとんどないので、私の前では大校長同士が何でも話します。それを横でニコニコしながら聞いていると、使える中堅、そして何よりも使える若手がいなくて困っていることが分かります。学校や地域は、文部科学省や県の事業を受けなければなりません。その際には実戦部隊として動いてくれる人がどうしても必要なのです。

ところが、「それを受けられる能力がある」と確信を持てる教員がほとんどいないのです。地方の教育サークルの実際の参加者は10人もいません。その中で継続して発表したり、裏方をしたりする人はごく限られています。偉い人は、そこで人を見ているのです（このあたりは拙著『なぜか仕事がうまくいく教師の7つのルール』（学陽書房）をお読みください）。

## 未知のことにも挑戦する

**今後、教育界に大きな変化が来ます。たとえば、独立行政法人化もその一つです。**

それに対する態度は、できるだけ独立行政法人化することを避けるという人が大多数でしょう。独立行政法人化する学校が増加しても、現在の公立学校として残る学校もあるかもしれません。そこに残るという道もあります。しかし、もう一つの道があります。独立行政法人化の動きがあった時、いち早く手を挙げるという方法です。独立行政法人化を押し進めたい行政は、好条件を提示するでしょう。理想の学校を創ることができます。

でも、「学校を立ち上げるなんて……」と思っているあなたへ。さっき書いたことを再読してください。あなたが一人で立ち上げる必要はありません。立ち上げることができるレベルの人から、立ち上げメンバーの一人と想定される人に「あなた」はなればいいのです。

# これから必要になる教師の3つの職能

## 常に能力を更新する

ここまで読んで、「私の能力ではついていけない」と思っている方は少なくないですね。それでいいのです。先に述べたことです。結局、どんなに世界が変わってもホモサピエンスはホモサピエンスなのです。年を取ると記憶力が落ちて、新たなものを学習することが困難になるという「ハードウェア」は同じです。そして、人は集団で生き残るという基本ＯＳも同じです。好むと、好まざるとに関わらず、そのハードウェア、基本ＯＳで生き残るしかないのです。

安心してください。**つまり、変化の激しい時代では、常に能力更新は必要です。でも、それは、ホモサピエンスが数百万年前からやっていたことでいいのです。**というより、それ以外は我々のハードウェア・基本ＯＳが受け付けられないのです。**要は、能力更新をできる人と繋がればよいのです。**そのために必要な教師の職能が３つあります。

## 第一の職能

**第一は「子どもや保護者のせいにしない。たしかに、それが原因なのかもしれないが、それを言ってはおしまい」です。**この職能がないと、教師の進歩は止まります。

教師が求められる能力は多種多様です。たとえば偏差値70以上の子どもたちを相手にするのと、暴走族だらけの子どもを相手にするのとでは、求められる対人能力や教材力が全く違います。小学生を相手にするのと中学生を相手にするのでも違います。また、同じ学校、同じレベルの子どもを教えるのだって、自分が20代前半であるときと、40代後半では全く違います。学問的にそれを抽象化することはできますが、理論物理学者が自動車を作れないのと同じ理由で、現実の教室では無力です。結局、教師にとっての最高の教師は「子どもたち」だと思います。子ども達に教えられながら、常に学び続けなければならないわけです。

若い先生の場合、過去の自分の経験も少なく、他人の経験を知りません。そのため自分を相対化できません。さらに、年を経ると、失敗しても、その失敗を目立たなくするノウハウが確実に増えます。その結果、職員室の中で、あたかも自分だけが駄目なように感じてしまいます。いえいえ、中堅・ベテランでも追い詰められると、自分だけが駄目みたいに感じます。

しかし、いままでどおりでは通用しないのは、至極当然です。子どもも変わり、自分も変わっているのですから、調整しなければならないのは当たり前です。それが嫌になると、子どもや保護者のせいにしたくなる。人情です。でも、この本を読んでいる方々だったら、そうした先生がどのような先生であるかは「よ〜く」ご存じなはずです。もがくしかありません。もがくのが当たり前です。偉そうなことを言っている私も「当然」、いっぱい失敗し、落ち込みます。でも、もがくから成長もあります。少なくとも、もがかなければ、現状維持はあり得ません。

しかし、人の能力なんてたかが知れています。もがいても解決できないことがほとんどです。そんな中でもがき続けるなんて、神仏でなければできるわけありません。

当然です。では、子どもや保護者のせいにして合理化する教師になるか、成長し続けることのできる教師になれるか、その分かれ目が二番目の職能です。

## 第二の職能

**第二の職能は「尊敬すべき、先輩、後輩を捜し、その人といっぱい雑談をする。見いだす方法は、子どもたちに聞けばいい」です。**自分が分からないこと、困っていることを解決する方法を、こともなげに教えてくれる人っているのですよ。「あ、それね。あははは。知らない人は、悩むよね。それってね……」と教えてくれる人っているもんですよ。答えを知っていなくても、一緒に考えてくれる人はいます。そして、何よりも愚痴を聞いてくれる人はいます。

教えてもらえる、一緒に考えてくれる、そして愚痴を聞いてもらえる。そこで得られる最大のものは何か？　そりゃ、もう一度、自分で考える勇気をもらえることです。教えてもらえることでさえ、結局、自分の場面にそのまま使えるものではありません。やっぱり、子ども達の前で実践して、自分でもがくしかありません。

私も落ち込んだ時、いつまでも愚痴を聞いてくれた先輩教師が、十数人の職場でしたが５人以上いました。職員室の横のお茶飲み場で足りないときは、その愚痴を聞いてくれるために酒場や自宅で「奢って」もらえる機会が、週１回以上はありました。いまから考えると、驚異的に恵まれていたと思います。でも、いまの職場は年齢バランスの崩壊や、さまざまな要因で私のいた頃とはだいぶ様変わりしていると思います。その場合は、あらゆるチャンネルで繋がることが大事です。

## 第三の職能

**第三の職能は「真似できるところは真似る。真似できないところは、真似る必要はない。いまの自分のままで、できる授業はある」です。**自分が悩み、人と相談し、再度自分で考えるとき重要なのが第三の職能です。溺れている人は浮いているものに必死にしがみつきます。でも、本当に重要なのは自分で泳ぐことです。あくまでも主体は自分であることを忘れてはいけないと思います。

先輩のアドバイスのほとんどは使えません。あなたが使ってみようと思い、使ってみて、その是非が分かるのです。あらゆる先輩のアドバイスの最大の効用は、あなたがもう一度自分の頭で考えてみようと思うことなのです。

これからの時代を生き残ることに関して先輩達のアドバイスは、ほぼ無効です。おそらく先輩達のアドバイスの九分九厘はいまの時代の論理で逃げ切ろうとする自分の合理化です。否定しないでください。人間的にはごく自然なことです。しかし、あなたは先輩達の合理化では生きられません。

私は尊敬する先輩（後に学長になりました）から教えてもらったことがあります。いわく、

**出世する人は「人の話を聞いて、無視できる人」です。**この言葉は、いまはよく分かります。政治のできない人は、自分の論と違う論を言われると感情的になります。自分の論に理論がなければ、聞いているうちに惑います。「人の話を聞いて、無視できる人」は自分の論に自信を持ち、かつ相手への尊敬の念を忘れない人です。

# よき校長のリーダーシップとは

## 管理職の3つの職能

求められる教師の姿を明らかにするということは、実は、求められる校長の姿を明らかにすることと同じです。そして、それは自分を見つめることです。管理職に求められることは以下の3つです。

**第一に、判断が速いことです。**判断ができず、ほかに丸投げするのは論外です。また、判断するのに時間がかかるのも、問題です。

**第二に、判断にぶれがないことです。**そのような管理職の元の集団において、メンバーは「管理者はこのような判断を下すであろう」と予想することができ、かつ、それがメンバーの間で一致し、その予想がはずれません。

**第三に、その判断基準が、メンバーにとって共感できるものであることです。**

## 判断基準を持つ

第一と第二を成り立たせるためには、管理職は、単純な判断基準をごく少数持つことが必要です。複雑な基準（具体的には文字にすると2行以上かかる基準）であると、判断に時間がかかったり、最悪の場合は判断不能になったりします。基準が多数あると、その基準の間で矛盾が生じます。結果として判断不能となったりします。また、人によって判断する基準を変えると、その人達の間で闘争が起こります。

問題は第三の、メンバーにとって共感できる判断基準です。ちょっと考えると、メンバーの利害に合致するものだと思いつきます。しかし、それはそれほど大事ではありません。全てのメンバーの具体的な利害に合致するということは不可能です。さらに、仮に全てのメンバーの利害に合致したとしても、合致の度合いは個々で異なります。相対的に合致しない人は、合致しない人と同様の不満を持ちます。個々のメンバーの利害に関しては、最低限、全てのメンバーが「理論上」合致可能な基準であるということなら十分だと思います。では何が必要かと言えば、その集団が依存する、より上位の集団が求める基準であることだと思います。それを満たすならば、大多数のメンバー（未来のメンバーを含む）にとって共感できるものとなります。つまり、どのような判断基準を持つべきかを判断できることが最も重要な管理職の資質です。

では、そのような判断基準を持った管理職はどのように行動すべきなのでしょうか？　それを愚直に繰り返し求めることです。ただし、愚直に繰り返せばよい校長だ、というわけでもありません。単に、無神経であったり、無能であったりする場合もあります。有能な管理職の条件は、以下の４つを全て満たすことです。

第一に、判断が速い。

第二に、判断にぶれがなく、メンバーは管理者がどのような判断を下すであろうかを予想することができ、かつ、それがメンバーの間で一致し、その予想がはずれない。

第三に、その判断基準が、メンバーにとって共感できる。

第四に、その基準を自身の責任で、何度も繰り返し主張できる。

厳しい資質です。でも、この四つが成り立つならば、それをサポートするメンバーが守ってくれます。

COLUMN

# 「校長」になる

本章で生き残れる教師の職能のことを書きました。おそらく、いままで教師が求められた職能ではありません。いままで教師の職能は、教材研究、板書、発問のような授業に関わることです。ところが、本章ではそれらを書いていません。理由は本書で書いたとおり、それらはネット上の授業の方が優れているからです。少なくとも、1人の教師が数十人の子どもを教えて「全員に」分からせようとしたときは勝てません。それは神のごときカリスマ教師であっても無理です。ネット上の授業と張り合うのではなく、ツールとして使えばいいのです。

では、生き残れる教師に必要な職能とは何でしょうか？　それは校長に求められる職能です。自分が求めている校長が、子どもたちが求めている教師なのです。

# あとがき

私の教師としての出発点は学力的には最底辺の定時制高校でした。そこには家庭的にも厳しい子どもがいっぱいいいました。最初は野獣のように見えた子どもですが、一皮剥けば可愛い子どもです。その子どもが可愛ければ可愛いほど、自分の無力さを感じました。結局、多くの子ども達をドロップアウトさせました。その申し訳なさが私の研究の原動力です。どうしたら私が教えた子どもを幸せにできたのだろうか、その答えを30年以上求め続けています。

最初はごく普通に分かる授業、楽しい授業を実現する教材・発問・板書の研究を行いました。それによって多くの論文を書き、多くの学会から表彰されました。しかし、どこまでいっても私が教えた定時制の子どもは救えません。そして行き着いた先は、全ての子どもに「仲間・同僚」（友達ではありません）を与えることです。

そのために、教科学習で「一人も見捨ててはいけない」と求め続ける『学び合い』（二重カギカッコの『学び合い』）という教育の理論と実践論を構築しました（興味のある方はネットで検索してください）。

これからの日本は私の教えた定時制の子どもと同じような子どもが量産されます。いや、最悪の状態に陥る危険性があるのは全員だと言っていいでしょう。なぜなら、日本自体が危機的状態にあるからです。

工業化社会の価値観では地獄だけど、脱工業化社会の価値観を持てば天国になるのです。急ぎましょう。

上越教育大学教職大学院教授　西川　純

著者紹介


## 西川 純 （にしかわ じゅん）

1959 年、東京生まれ。筑波大学教育研究科修了（教育学修士）。都立高校教諭を経て、上越教育大学にて研究の道に進み、2002 年より上越教育大学教職大学院教授、博士（学校教育学）。前・臨床教科教育学会会長。全国に『学び合い』を広めるため、講演、執筆活動に活躍中。主な著書に『すぐわかる！ できる！ アクティブ・ラーニング』、『2020 年 激変する大学受験！』（いずれも学陽書房）、『高校教師のためのアクティブ・ラーニング』（東洋館出版社）、『アクティブ・ラーニング入門』（明治図書）ほか多数（なお、西川に質問があれば、jun@iamjun.com にメールをください。真面目な方からの真面目なメールに対しては、誠意をもって返信します）。



●編集協力

髙瀬浩之（千葉県松戸市立第二中学校）


# 2030 年 教師の仕事は こう変わる！


2018 年 4 月 18 日　初版発行
2018 年 5 月　2 日　2 刷発行

著　者――――――　西川《にしかわ》　純《じゅん》

発行者――――――　佐久間重嘉

発行所――――――　学 陽 書 房

〒 102-0072　東京都千代田区飯田橋 1-9-3
営業部――――――　TEL 03-3261-1111 ／ FAX 03-5211-3300
編集部――――――　TEL 03-3261-1112
振替口座　00170-4-84240
http://www.gakuyo.co.jp/

装丁／スタジオダンク
DTP 制作／ニシ工芸
印刷・製本／三省堂印刷